池田大作と日本人の宗教心

山本七平

さくら舎

はじめに
日本人に宗教は必要なのか

これはたいへんに答えにくい質問である。必要ならば存在するであろうし、不必要なら存在しないであろう。現代では誰も、否《いな》現代でなくても、宗教は、必要だからといって他人に押しつけ得るものではなく、不必要だからといって取りあげ得るものでもない。

宗教があれば宗教現象（注：寺院・典礼・信仰集団など）がある。では、宗教現象があれば宗教があるのか、と問われれば、この答えは簡単なようで簡単ではない。

ある種の宗教現象が認められても既成宗教はそれを宗教と認めないであろうし、ある種の教義《ドグマ》があり、たとえ観光の対象にすぎなくなっても宗教的遺構で何らかの祭儀がおこなわれていれば、たとえ宗教現象が見られなくても、人はそれを宗教的対象と見るからである。

さらに面倒なことは、宗教を否定しているある種のイデオロギーに基づく運動にも、広い意味の宗教現象が見られるからである。

そこで問題を一応「宗教現象」のほうから見た宗教に限定し、それに基づく定義を『宗教現象学』（大畠清《おおはたきよし》著　山本書店）から要約してみよう。

「石橋智信《いしばしとものぶ》教授（注：宗教学者）は『Heil福祉を希《ねが》ふ念《おも》ひこそ即ち宗教することでありはすまいか』と説いている。このHeil（ハイル）の内容はLeben《レーベン》（いのち）であり、『いのち』を能動的に見ればLebensmacht《レーベンスマハト》（いのちのちから）である。従って、Heilは『いのちのちから』の拡充である」

「Heilについてレーウ（注：オランダの宗教学会会長）は『人間は宗教においてHeilを求める』といい、『人間の力量の限界と神の力量の始まりとが、あらゆる時代の宗教に求められ、また見出された目標、即《すなわ》ちHeilを形造ったのである。それは生命の昂揚《こうよう》、改革、美化、拡張、深化でありうる。Heilを全《まった》く新しい生命と考えることも可能である。今までの生命の無価値化、『外から』受けられた生命の新創造。しかし、いずれにせよ、宗教は既存の生命自身にではなく、常にHeilを志向しているのである。その点においては総《すべ》ての宗教は救済宗教である』と言い、『Heilの中にこそ宗教の存立に欠かせないところの一切の宗教の核心がある』とも言っている」

「しかし筆者（大畠教授）は主として『人間』の願望に焦点を結び、それはHeilの願いであると断じた。Heilの願いはLebensheil《レーベンスハイル》（いのちの恵み）にほかならず、Lebensheil（いのちの恵み）は、願うもの即ち『人間』の Lebensmacht（いのちのちから）の充実を意味する。人間の求めるもの、つまり、神が与えると人間が信ずるものは、人間の Lebensmacht（いのちのちから）の充実にほかならないと考えられる」

宗教的救済を求める三つの理由

学問的定義は何となくよそよそしいものだが、この定義にあてはまる現象は、何気なく新聞を見れば必ず一ヵ所か二ヵ所に記《しる》されている。たとえば日本経済新聞（一九八六年十一月二十二日夕刊）の「老いを美しく」の中に次のような記述がある。

「孤独をもて余す人との対応は難しい。カトリック司祭井上洋治《いのうえようじ》氏は病気でねたきりの信者らを訪ねる機会が多いが、一番つらいのは『人の世話を受けて、苦しみや屈辱や孤独を味わいながら、なぜ生きていかなければならないのか』と問われることだったという」

言うまでもないが、この人は生きているのだから生命はある。だが単に生物学的な生命があるというだけの状態、またはそう意識せざるを得ない状態に耐えられない。この人が求めているのは一言でいえば「『いのちのちから』の拡充」であり、それが「いのちの恵み」を願うという形にあらわれている。

それは、いま生きているという「生物学的ないのち」とは別だから、レーウに従えば「今までの生命の無価値化、『外から』受けられた生命の新創造」を求めているといってよい。
そして、それを得れば「生命の昂揚、改革、美化、拡張、深化」があり得るわけである。

以上のように見れば、宗教現象、いわば宗教的救済を求めている現象は、日本の至るところにあり、前述のように日々の新聞のどこかに報じられている。理由の第一は簡単にいえば「情報化」である。

井上神父が述べておられるような状態は、昔にもあり、いまもあり、将来もあるであろう。だがそれを知らなければ、人はそれを意識しない。しかしひとたび意識すれば未来のことが現在の不安になり、そうならないため、またそうなってからでは遅いと感ずるため、「いのちのちからの拡充」を「いまから」求めようとして不思議ではない。

そして第二の理由はいわゆる「中流化意識」である。この場合、日本人の生活が本当に「中流」といえるかどうかは関係ない。

ある会合で堺屋太一《さかいやたいち》氏（注：作家、エコノミスト）はたいへんにおもしろい定義をされた。すなわち「上流とは現在にも将来にも不安を感じていない人、中流とは現在に不安を感じていないが将来に不安を感じている人、下流とは現在に不安を感じている人」と。

このとき氏がいわれたのは「生活上の不安」の意味だが、確かに現在では、今日の夕食、明日のパンに不安を感じている者はいない。これは私の少年時代などとは大きな違いで、当時は、明日の米のない家庭、弁当をもってこられない児童は決して少なくなかった。

そういう状態を解消したという点では「現在に不安を感じる」状態から脱却したといえるが、それは決して将来の不安を解消してはくれず、情報化と相まって、逆にますますその不安を強くしている。

そしてこういう場合、人が本能的に願うのが「現在の永遠化」であり、「いまの不安なき状態の固定的延長」であって、そのために「いのちのちからの拡充」を求め、それを与えてくれると信じ得るものが信仰の対象となる。この場合、その対象への客観的評価は問題にならない。

たとえば、集団焼身自殺（注：一九八六年一一月一日に、和歌山市で起きた事件）でニュースとなった「真理《みち》の友《とも》教会」の教祖がごく平凡な人、教義らしきものも明確にない、などという批評も意味がない。というのは、大畠教授が指摘されるように客観的には一本の樹木でも「御神木《ごしんぼく》」になり得るからである。

「人間は神にLebensmacht（いのちのちから）を求めるが、それは神即《すなわ》ちMacht《マハト》（ちから）がLebensmacht（いのちのちから）そのものであるからである。つまり、その限りにおいて、神のLebensmacht（いのちのちから）と人間のLebensmacht（いのちのちから）とは一つなのである。神木信仰の場合——神木に神・Macht（ちから）があるとする信仰の場合——は、神木に客観的にMacht（ちから）があるのではなく、信仰者自身のMacht（ちから）願望が、神すなわちMacht（ちから）である神木に客観的にMacht（ちから）が存在すると考えられている現象で、主観的信仰が客観視された例である」

以上のような観点から真理の友教会を見ると、現代的といえる特徴が目につき、これが第三の理由といえる。

恵まれた境遇の人がなぜ？

過去において新興宗教が起こった時期として、しばしば幕末＝明治初期と終戦後が挙げられており、大宅《おおや》壮一《そういち》氏（注：社会評論家）はさらに昭和初期を挙げている。いずれにせよ激変期もしくは変動期であり、価値観の大きな変化、継続すると信じていた体制の崩壊、忠誠の対象の喪失、将来への予測の不可能、それらにともなう生活の困難があった時代である。

だが現代は、少なくとも多くの人にとっては、そうではないし、真理の友教会で教祖に殉《じゅん》死《し》した七人の女性が、そのような状態にあったとは思えない。彼女らが「いまの生活苦から救いたまえ」とか、有名なキリスト教での「主の祈り」の「わたしたちの日ごとの食物《かて》を、きょうもお与えください」とか祈ったとは思えない。彼女らはその地域社会においては、よい会社に就職した恵まれた人か、同じような境遇にいる人たちであった。

さらに教祖の妻の延代《みちよ》と実母の伴代《ともよ》を除けば二十五歳から三十七歳までで、その間に明治維新や終戦といった激変期を経験しておらず、ごく順調に育ってきたとしか思えない。
「……日常生活は全く普通の人。いずれも地元の県立高校の出身。延代さんは県信連、山本裕己子さんは農林中金、宮本典子さんは三和銀行南和歌山支店、松尾康子さんは住友銀行和歌山支店でOL生活。どの職場でも上司や同僚たちの評判はよかった。

この女性たちに浮かぶ共通項は、マジメ、いちず、地味、物静か。『会えば会釈《えしゃく》するし、感じのいい子たちばかりだった。髪も長く、パーマをかけることもなく時々後ろで結《ゆ》うスタイル。特別、着飾りもせず清そな感じだった』と近所のお年寄りはいう」（東京新聞）

何やら奇矯《ききょう》な振る舞いを連想しがちな「新興宗教の信徒」といった面影はまったく見られない。さらに、この真理の友教会は「特別に厳しい戒律《かいりつ》があるわけでなく『夫は妻にやさしく』『現世で清らかな生活を送れば、来世も安らか』――などといった生活に根ざした精神訓話が中心で、宗教のイメージはうすい」（東京新聞）

「いのちのちからの充足」を希求

ここに見るものは、激変期にあらわれる新興宗教や既成宗教とは別の宗教現象であろう。というのは、彼女らは現時点の中流的生活に何らかの変革を求めたのでなく、外見的には、まじめな一流企業のＯＬ的生活にそのまま即応して摩擦《まさつ》なく生きていく道を、そして世間的な「生活に根ざした精神訓話」通りに生きていく道を選んでいるわけで、外見的には「普通人の普通の生活」を何の不満も不足感も疑問もなく生きているわけである。

そしておそらく準血縁的な集団内の生活にも満足していたことであろう。いわば「いのちの恵みを願い」、それを得て「いのちのちからの充実」を感じていたものと思われる。

ただ問題はその中心が教祖であっても教義ではないという点である。いわば「信仰者自身のMacht（ちから）願望が、神すなわちMacht（ちから）である神木」的な教祖に客観的に「ちから」が存在すると信ずることによって、その状態が支えられ、それが固定したまま未来に延長していくことを願っている状態であったろう。そして御神木＝教祖の死は、その固定化を死のほうに、いわば来世のほうに延長するという形になったものと思われる。

そこには同時に、前述の井上神父が記されているような、予見される未来の状態への拒否があるであろう。そして人間が、単なる生物学的生命の持続だけでなく、「いのちのちからの充足」を求める限り、この種の宗教現象は、さまざまに形を変えながら、常に存在すると思われる。

◆目次

第二章　創価学会症候群の本質をつく

池田大作と日本人の宗教心

第一章　池田大作氏への公開質問状

田中角栄と池田大作の共通点

戦後史最大の〝怪物〟

さらに何年か何十年かたって、日本の戦後史が一定の距離をもって叙述される時期が来たとき、池田大作《いけだだいさく》・創価学会はどのように記《しる》されるであろうか。

もちろんアカデミックな〝歴史学的・教科書的〟歴史は彼を無視するであろうが、〝野史《やし》的・通俗史的〟歴史では、彼は、戦後史最大の〝怪物〟として登場するであろう。

もちろん田中角栄《たなかかくえい》も〝怪物〟であろうが、池田大作（注：一九二八年生まれ。現創価学会名誉会長。創価学会インタナショナル会長）のほうがさらにスケールが大きい。そして両者にはまことにおもしろい共通点があり、日本における虚業的リーダーとはつまり、このタイプだなと思わせる点がある。

事実、池田大作という人は異様な能力をもった人である。彼に心酔する人もいるであろうし、徹底的に毛嫌いして絶対的に否定する人もいるであろう。しかし、その異様な能力の存在を客観的事実として認めないことは不可能であろう。

ためしに、その能力の一、二をあげてみよう。内心で田中角栄と比較しつつ読んでみていただきたい。

創価学会は宗教団体なのか、政治団体なのか明らかでない。これは調べれば調べるほど不明になるだけで、藤原弘達《ふじわらひろたつ》氏（注：政治学者）のようにこれを実質的には政治団体と見てしまったほうがすっきりする点も確かにある。

しかし、ある点から見れば明らかに宗教団体だが、前に「週刊朝日」（注：第三章に収録）で記したように、新興宗教なのか日蓮正宗《にちれんしょうしゅう》（注：宗祖日蓮を本仏とし、法華経《ほけきょう》の教えを世の中に示すことを宗旨とする、日蓮宗系の一宗派）の信徒団体なのか明らかでない（注：その後、創価学会は一九九七年に日蓮正宗から分離した）。しかし、これらの問題は後述するとして、まず政治宗教団体として見た場合、いずれの面から見ても、その規模能力が、他と段違いに巨大なことに気づく。

まず信徒数の一千万（注：一九八一年当時。以下同）である。もっとも実数は六百万だという人もいるが、六百万としても桁違《けたちが》いである。社会党の五万、共産党の四十万、自民党の虚数百万？　またカトリックの四十万、プロテスタントの六十万？　普通の新興宗教の百万ないし百五十万と対比すれば、その巨大さは少々異常ともいえる。

さらにその集金力である。「三日間に三百五十五億円」（注：一九六五年、日蓮正宗総本山大《たい》石寺《せきじ》に正本堂《しょうほんどう》を建立《こんりゅう》する目的で集めた御供養金《ごくようきん》）は、いかな「角影力」も無理であろうし、他の政治団体、宗教団体は足下にも及ばないであろう。さらに不思議なのは短期間におけるその膨張力《ぼうちょうりょく》である。藤原弘達氏の『斬る』（『藤原弘達の生きざまと思索7』）のグラフによると一九五五年は三十万世帯、それが一九七〇年には七百万世帯以上だから、わずか十五年で約二十五倍である。

これだけの膨張力は、いかなる政治団体も宗教団体ももっていない。さらに、戦後まったく新しく政党を創立し得たのは創価学会だけだという事実である。自民党はもとより社会、民社、共産はすべて戦前に創立され、その系譜はさらに大正・明治時代までたどることができる。ところが公明党はそうではない。それは完全に新しく戦後に創出された唯一の政党であり、このことを可能にした団体はほかにはない。

さらに、それらの団体を越えて社会に行使される影響力である。その一つはマスコミを通じ、なされる表向きの影響力で、これは誰の目にも明らかなものだが、そのほかにも「見えざる影響力」があると信じて疑わない人が多い。確かにこれもあるが、それは文字通り「影」であって明確にはわからない。

「角影」という言葉があり、鈴木善幸《すずきぜんこう》内閣は「角影内閣」だという人もいた。ではどれだけの影響力があるかとなると誰も具体的には証明できない。それは文字通りの影響すなわち

「影《かげ》」と「響《ひびき》」であり、何かわからないがある「影」に包まれ、どこからともなくある「響」が伝わってくるといった状態なのであろう。

同じように「作影」も確かにある。そしてこの「作影」が波動した「角影」が自分の身に及んできた状態は、『斬る』の「第二章　〝見えざる敵《インビジブル・エネミー》〟の影」にくわしい。

もっともこの「作影が角影に波動する」ような形で、社会にさまざまな強圧的影響力を行使したという例は一再（注：一、二度）ではないらしく、氏もここで別の例をあげておられるが、それがどのようになされるか、中の一例を引用させていただく。

「〔昭和〕四十二年末に近づくと、学会、公明党の言論抑圧は異常に強くなってくる。その被害を受けたのが、当時西日本新聞論説委員の福島泰照《ふくしまやすてる》である。福島は隈田洋というペンネームで『日蓮正宗創価学会・公明党の破滅』という著書を出そうとした。

福島が東北出版社の社長に原稿を渡したのが四十二年十一月、東京ではヤバイというので北九州市の日進印刷に印刷を頼み、同社は一カ月ほどして信頼できる二人の従業員に頼んで自宅で写植を打たせた。しかし、印刷部門にまわった時に情報が洩《も》れ、九州の印刷業界の最高幹部が印刷中止の圧力をかけ、東京ではゲラが出た段階で、またまた日本大学の古田《ふるた》重二《じゅうじ》良《ろう》会頭が事前検閲を強硬に迫った。

北九州では剣木亨弘《けんのきとしひろ》文相も一枚加わって日進印刷に圧力をかけた。出版社への脅迫もあいつぎ、ついに出版社の社長が事前検閲に応じ、それは日大の会頭室で行なわれた。二月、それでも本は出来上がった。しかし、この本は『初版即絶版』ということになり、一冊も小売りには出なかったという」（注：〔　〕の中の文は今回、編集部でつけ加えた）

これではまるで、ソビエトで地下出版物《サミズダート》を出すようなものであろう。私自身、この記事には少々驚き、「まてよ、作影はやはり噂《うわさ》だけでなく事実かな」と思わざるを得なかった。

というのは、西日本新聞といえばブロック紙の名門、論説委員といえばその最高の地位ぐらいのことは誰でも知っている。しかしその人ですら、「極秘《ごくひ》」のうちに出版を進める必要があり、見つかればつぶされてしまう。しかもそれに文部大臣（注：現文部科学大臣）が一役買っているのである。

文部大臣が自ら言論弾圧に乗りだすとは少々恐れ入った話だが、「作影」が「〇影」に波動して文部大臣を動かして論説委員の著書までつぶすとなるとただごとではない。

「角影」と「作影」の影力

こういう事実があれば、その逆も可能であると信ずる人がいて当然である。いわば「作影」を「○影」に波動させて、自己に有利な情況をつくりだすために論説委員やら何やらに何かを書かすという方法である。

もちろんその際、利益誘導がある。この点でたいへんにおもしろいのは、前掲書の「藤原・田中問答」である。何しろここでは「影」が「表」に出ているのだから「影」なるものの行動原理が明確に出ている。次に引用させていただく。

「『初版を何部刷るのか、これに一つ答えてくれ』と言う。『部数と定価を言ってくれればその分は払いましょう。損はさせん』とも言った。損得、貸し借りの勘定《かんじょう》という、政界独特の論理で田中は押してくるのである。当時の私にとって金なんか、それはもう問題ではない。当時でも年収二千万円位はあったし、『別に食うには困ってはいない。来年は大学をやめるかもしれないけれど……』というと、『そうか、ではなにかにならんか。ＮＨＫの……なんかはどうだ。また、公明党がいろいろと君にいい条件を出してものを書いてもらうとか、ほかの方で儲《もう》けさせるともいっている』など彼らの打ち合わせのコマカイところものぞかせる」

ここにある論理はきわめて単純で、いわば「アメ」と「ムチ」だけなのであって、「本の内容」などははじめから問題ではない。第一、角栄氏自身、その時点では何も読んでいなかっただろうし、将来も読む気はあるまい。

彼はこれで弘達氏に「影力」を及ぼし、同時に「弘達氏に影力を及ぼして成果をあげたということで、公明党に影力を及ぼそう」というだけであろう。

このことは創価学会の氏への態度にもそのまま出てくる。すなわち出版社には「藤原弘達の本を出すな、出すなら事前に原稿を見せてほしい。出さないということになれば、かわりに創価学会・公明党でより有利な儲かる仕事を依頼し、損のないようにする」（前掲書）であり、それでも断われば「交通事故が多い当今だから十分気をつけろ……」なのである。

こういうさまざまな事件を振り返ってみると池田氏の「こんどの事件は、法律に無知な私どもが、信仰という聖なる次元と法律という俗なる次元の区別をできず、その谷間を巧妙につかれ、攪乱《かくらん》され、自己中心者に利用されてしまったということです」（「週刊朝日」一九八一年三月十三日号）という言葉は、実に不思議な響きをもっている。

「アメ」と「ムチ」。不思議な宗教団体があったものである。これが教義化すれば「アメとムチ教」になり、「池田会長に帰命《きみょう》すれば福運というアメがもらえ、離反すればムチという逆運が来る」ということにもなるであろうが、これは後に触れるとして、「影力」の論理とは、「アメ」と「ムチ」、「貸し」と「借り」だけで、これを駆使《くし》していけば次々と「脈」を形成できて、それを通じて、角サンでも文部大臣でも乗りだしてくるということは、あくまでも事実なのであろう。

となると多くの人が、社会の至る所に創価学会の「脈」が広がり、それを伝って「作影」があらゆる所に作用し、ちょうど「鈴木角影内閣」があるように、「文部作影大臣」がおり、また「毎日作影新聞」や「週刊作影朝日」があり、「作影警視庁」があって「作影検事」がおり、「作影裁判官」から「作影作家」「作影評論家」までいると信じていても不思議ではない。

そういう人の話は、まるで表向きの田中派のほかに「隠れ田中派」があるように、その種の存在があって、それが日本国中に網を張っていて、その網の目のようなルートを通じて「作影」がすべてを動かしているようになってしまうのである。

これが「脈・影」社会

また「角影」と「作影」は他の点でも不思議な共通点がある。それは両者は、「法的乃至《ないし》組織的地位」に関係なく絶大な影響力を、「脈」を通じて行使し得て、行使された人間は自己の「法的乃至組織的地位」を越え、それに関係なく指示に従うという点である。

田中氏は今では自民党員ではない。だがそんなことは現実には何の作用もしていない。これは池田氏でも同じで「宗教法人創価学会規則」には、会長も名誉会長も存在しないのである。

会社なら取締役にあたるのが「理事」であり、社長にあたるのが「理事長」である。すなわち「第六条　代表役員は、理事長をもって充《あ》てる」「第八条　代表役員は、この法人を代表し、その事務を総理する」であって、いわばこの「宗教法人」の「代表権」をもっているのは「理事長」のはずなのである。

だが、その理事長が、この法人の真の代表者だとは、内外ともに思っていない。そして名誉会長や会長は、「内規」ともいうべき「会則」にはじめて出てくるのである。

このことは、「影」を行使し得るものは、組織原則や法的地位を越えた存在であることを示している。そしてこれを越えることによって、組織を越え、時には法を越えた閥《ばつ》と脈を構成し、それが、「角影」「作影」として作用してくるワケである。

それが、どこどうつながって、どのように作用してくるかわからないので、この「作影力」を身をもって味わった人は、この力が非常に強くかつ広いと見る。

内藤国夫《ないとうくにお》氏（注：ジャーナリスト。元毎日新聞編集委員）もその一人であろう。氏ははじめ三一書房から依頼されて『公明党の素顔』を書いた。ところが「学会側は筆者が好ましくないといったようなしつこい干渉を繰り返し、ために内藤は都庁や自社の幹部からも一種の妨害を受けるようになる。……三一書房はおりてしまっていた」。

そこでやっとエール出版社から出すことになったが「この出版社に龍年光《りゅうとしみつ》とか北條浩《ほうじょうひろし》ら、学会の幹部が足しげく通って、買収工作を試み始める。内藤個人にも干渉してくる。公明党委員長竹入義勝《たけいりよしかつ》ものりだす。しかしそれでも本書は刊行されることになったが、取次に委託の扱いを拒否され、広告もおもうようには出せないという情勢になって、さらに笹川良一《ささがわりょういち》までが買収にのりだす。出版社は事務所の追い立てまでくう」（藤原氏の前掲書）という状態になってしまう。

そこで、一度でもこれを直接・間接に経験した人は、「作影」の力を「角影」以上と見て、警察も検察も裁判所も、さらに一部のマスコミ・文化人も、「作影力」の下にあると見て不思議でないし、事実、あるのかもしれない。

したがって前記のような見方が出るわけだが、たとえその種の影響を直接に受けたと思わなくても、この逆もあり得るから、「あなたは、自分でそれと気づかず、作影に踊らされているのですよ」といわんばかりのことをいわれる。

前記のことは衆知の事実だけに気分が悪い。というのは、その範囲のことなら私も今回経験したからである。というのは、今回「週刊朝日」の「本誌独占会見　池田大作名誉会長初めて真相を語る」の終わりに批評を書いたところ、それも先方のスケジュールにうまくはめられたのであって「山本さんも、今度はうまく大作にはめられましたね」と顔見知りの編集者にいわれたからである。

意味がよくわからないので理由を聞く。すると今回の山崎正友《やまざきまさとも》氏（注：創価学会の元顧問弁護士）の逮捕（注：一九八一年、創価学会に三億円を要求し、恐喝罪で逮捕）から都議選まで、創価学会・公明党ですべてのシナリオがつくられており、逮捕の時期から起訴の時期、「週刊朝日」の連載（注：一九八一年三月十三日号から同四月十七日号までの五回）時期まで、すべて「作影」でおこなわれているという。

それによると、まず都議選から逆算して最良の時期に警視庁に山崎氏を逮捕させる。そして筆を絶たざるを得ない状態にして池田氏が「週刊朝日」に登場する。それによって「山崎黒・創価学会白」を一般に印象づける。

ちょうどそれが終わったところで検事の冒頭陳述がはじまり、「山崎黒」の社会的印象を確定させてしまう。これによって学会員から気おくれを一掃し、同時に今までの地方選挙はすべて勝ち、会員も増えている旨《むね》PRして士気を鼓舞《こぶ》する。

これはすべて「作影」が直接にか、「角影的」なものに波動させるかして、スケジュール通りに実施させているのである、と。

こちらは少々驚いた。都議選はいつか、などということははじめから念頭にない。第一、私が書いたことがその点でプラスになったとも思えない。

そこで「でも、それでは私が書いたことなどマイナスじゃないか」というと、相手は「そこですよ。筆者に山本さんを選定したとは、テキもさすがだと思いましたね」という。

「なぜ」と問うと「第一、山本さんが学会の回し者だとは誰も思いませんしね。といって内藤国夫や藤原弘達じゃ困るんです。身の下問題の証拠なんかちらつかせて、大作のいったことをバッタバッタ斬られちゃマイナスです。ところが山本さんなら絶対そういうことはしない。あくまでも宗教問題として正面からまじめに取りあげるにきまってますからね」

「そんなことわかるのかなあ」

「そりゃ、私だって見当はつきますよ。しかしその前に徹底的に山本さんのこと調べあげたはずですよ」

「まさか、ね、そんなこと……」

「盗聴が平気なんですからなあ、テキは。また信徒運動《レイ・ムーブメント》（注：西欧近世のキリスト教界で、聖職者以外の平信徒《ひらしんと》＝レイマンを重視する教会改新的運動。本書165ページ参照）か新興宗教かなんて分析は、テキは痛くもかゆくもないですよ。そんなことを論理的につめていくアタマがあれば創価学会なんぞに入りませんからね。都議選にゃ何のマイナスにもならんですよ。その上、あの批評で、非難ごうごうの大作の一方的自己PRをちょっとひやして、その上で、山崎公判の検事の冒頭陳述となっているわけです。もう都議選は大丈夫でしょう。学会も公明党もバンバンザイですよ」

以上のことは全部臆測かもしれない。また全部事実かもしれない。一切証拠はない。しかし「だから影なんですよ」といわれれば、「影」とは元来「証拠」がないものだから、何ともいいようがない。

そして過去においてこの「影」に苦しめられた人は、この話を全部事実とし、もし都議選が有利だったら、たとえそれがほかの原因に基づくものであっても、「やっぱり……」ということになるであろう。そしてこれが「脈・影」社会の特質なのだといってしまえば、それでおしまいである。

創価学会の二重性格

なぜ短期間に大勢力になれたのか

戦後が「歴史」となった時点で、戦後日本人の代表として池田大作・田中角栄の両氏を論ずるとすれば、それは「角影論」と「作影論」になり、なぜ「影的影響力」の行使が可能であったか、なぜそれによって短期間にあのような大勢力になり得たのか、という問題の解明に焦点が集中するであろう。したがってまずこの影響力を、行使の基本は何なのか、という点から問題を解明していこう。

まずこの種の人を一応「影力人《えいりょくじん》」と名づけてみよう。

それは普通の人にとって「きわめて重要な、その存在の基本にかかわるような問題」が、影力人にとっては何の価値もない問題だということである。

池田氏は、山崎氏が宗門《しゅうもん》（注：ここでは日蓮正宗という宗派のこと）と学会の間を巧《たく》みに離間するマッチポンプ役（注：偽善的な自作自演の手法）を演じ、「山崎の野望は学会を握ることです。つまり宗門との両方の関係を握って、いかようにでもコントロールしようという、そういう陰謀であったようです。痛い質問でした。はじめて聞かれました」といい、また背景として「学会員を檀家として従わせようという考えが宗門の一部にあったので、それと結びついていく流れも強くなるのです」といっている。

またさらに「だから（山崎は）宗門と学会の間隙《かんげき》を狙ったんです。宗門の中には、学会の急激な発展を心から喜んでいない人もいました……その気持ちを山崎が実にうまくくすぐったんですね」

この「痛い質問でした。はじめて聞かれました」がそれまでの双方の会話のどの部分を指すか明らかでないが、以上の点を含み、さらにこれが本心からの発言とすれば「影力人」はまことに不思議な人格の持ち主だと思わざるを得ない。

もっともこれが「政治的発言」で、さらに「相手はたかが週刊誌の記者だし、こう言ったほうが政治的効果がある」という計算なら、それは宗教家の、真摯《しんし》な発言というよりむしろ巧みな「政治家」の「そつのない答弁」であろう。というのはこの問題は何も一弁護士の策動云々の問題でなく、実は、「宗教法人創価学会」設立そのときにはじまる問題であり、そのことは聖教新聞に載っているからである。

以下に引用しよう。（聖教新聞・昭和二十六年十二月二十日）

「会長（戸田城聖《とだじょうせい》）先生緊急登山／宗務院《しゅうむいん》（注：日蓮正宗本山の主要な部署）の命により去る十一月一日二〇号の新聞公告にて発表した宗教法人の件につき宗務院より戸田会長先生宛《あて》左記の様な登山命令があったので、十二月十八日午前八時の汽車にて戸田会長先生、柏原《かしわばら》指導部長、和泉《いずみ》夫人は御登山なされた。

記

院第一七五号　昭和二十六年十二月十三日

大講頭《だいこうがしら》（注：信者・信徒の組織の長）戸田城聖殿

宗務院庶務部長　細井精道《ほそいせいどう》

貴殿外数名の公告にかかる宗教法人並びに其《そ》の他について、了承いたしたき儀がありますから来《きた》る十二月十八日午後二時宗務院へ御登院下さい。

宗教法人設立に本山より三箇条の要望

戸田会長病苦を押して登山

去る十二月十三日付で本山宗務院庶務部長細井精道尊師より宗教法人設立について了承したい儀ありとの要請を受けたので、戸田会長病苦をおし、財務部長代理和泉美代夫人、理事柏原ヤス氏之《これ》に随行して十八日午後二時宗務院へ登院した。本山より細井尊師及び早瀬尊師、野瀬尊師、落合尊師が御出席され会議が開かれた。

戸田会長は細井尊師の要請に答えて最初財団法人設立の計画が変更されて宗教法人設立に

至るまでの経過報告がなされ、次に宗教法人設立に対する会長の決意がのべられた。即《すなわ》ち『我々の折伏《しゃくぶく》（注：〝邪宗などを折って砕《くだ》き、屈伏《くっぷく》させる〟意である破折《はしゃく》屈伏を縮めた言葉）活動が全国的活動となり、邪宗との決戦に至る時の大難を予想し、本山を守護し諸難を会長の一身に受けるの覚悟に外ならないこと。二つには将来の折伏活動便宜《べんぎ》の上から宗教法人でなければならない』の二点である。又会長はこの設立に対して本山よりさしつかえあるとの御ことばあれば、その指示に従うものであるとつけ加え、敬順な態度を以《もっ》て臨《のぞ》んだのである。

之に対して細井庶務部長より

学会が宗教法人になる事については法的の問題であり、何ら指示する様な意志はないが、宗務院として

1・折伏した人は信徒として各寺院に所属させること

2・当山の教義を守ること

3・三宝（仏・法・僧）を守ること

右の三箇条を要望して登山要請の趣旨とした（以下略）。」（傍点は筆者）

と記されている。これを読めば誰にでもその内容は明らかであろう。戸田氏の言葉はまことに大講頭にふさわしく、「本山よりさしつかえあるとの御ことばあれば、その指示に従

う」であり、これに対して細井庶務部長（注：一九五九年に日達《にったつ》を名乗り法主に就任）は「法的の問題」には「何ら指示する様な意志はないが」として三条件を提示している。

もし創価学会が、この「三条件」など法的規制力はまったくないのだからといって無視したのなら、少々皮肉に池田氏の言葉を流用すれば、「こんどの事件は、法律に無知な私ども（本山）が、信仰という聖なる次元と法律という俗なる次元の区別をできず、その谷間を巧妙につかれ、攪乱《かくらん》され、自己中心者の池田氏に利用されてしまったということです」ということになろう。

池田氏が政治家なら「こんな約束は法的には何の拘束力もない」と無視してよい。しかしそれなら、それはすでに「信仰という聖なる次元」の世界のお話でなく、まことに「俗なる次元」の世界のお話であり、その事実を平然と無視することは、やはり、政治家であろう。

というのは少なくとも日蓮正宗の信徒である宗教家なら、本山から示されたこの三条件は法律以上に絶対のはずだからである。そして「宗教法人設立」という法的手続における本山の三条件を池田氏が忘れていないなら、「週刊朝日」に出てくるような言葉は出てこないはずである。

くすぶりつづける問題

ところがそれから約半年目、昭和二十七年に早くも問題が起こっている。聖教新聞（昭和二十七年七月十日）より引用しよう。

「学会、宗会《しゅうかい》へ要求／学会の宗教法人否定の議員提案／宗制一項目取消を

去る四十七回臨時宗会に於《お》いて宗教法人法に依《よ》る宗制改革案の審議が行われ、この中に議員提案の次の一条項が挿入されたが、創価学会側ではこれは不当の弾圧の武器と変化する危険な条項として宗会に取消しを要求した。

問題の条文　檀徒及び信徒は本宗が包括《ほうかつ》する宗教法人以外の宗教法人に加入することが出来ない。

柏原指導監査部長発表

第四十七回宗会に於いて新宗制の審議が行われたが、その中で議員提案の次の一項目が可決になった。即ち『檀徒《だんと》及び信徒は本宗が包括する宗教法人以外の宗教法人に加入することが出来ない』。

この項目は提案された原文は『檀徒及び信徒は本宗が包括する宗教法人以外の宗教法人を

設立する事は出来ない』であったが、宗務院側の異議申立によって前文通りに字句の訂正を見たものである。

第一にこの文にのべられた本宗が包括する宗教法人以外の宗教法人とは何を指すか。日蓮正宗の弘安《こうあん》二年（一二七九年）の大御本尊を拝し、日蓮正宗の教義を広める宗教法人とすれば現在法人を設立しつつある創価学会以外にない。

学会員は総て日蓮正宗信徒として正宗寺院所属の信徒ばかりであって、もしこの条文が実施となれば学会は宗教法人を解散する以外無《な》くなってしまう。若《も》し学会が宗教法人を解散すれば全国に対する積極的な折伏布教活動は全面的に封ぜられてしまうのである。

この点に関して昨年宗教法人設立決定し同時に会長が登山し、宗務院に出頭の上《うえ》宗教法人設立が是非共必要である理由をのべて許可を受けているのであって、今回提出された宗制条文はこの事を知りつつなされたものであり『若し学会が大きくなって、その勢力が正宗全体よりも大きくなった時に分離独立しはしないか』という偏狭な議員達の邪推と、今度の狸祭り事件（後述　注：本書46ページ参照）時の様な事件が起った時に学会を押えるに都合の良い拠《よ》り所を作って置こうという悪議員の策略から発したものであって、この件は学会の広宣流《こうせんる》布《ふ》（注：法華経の教えを広める）に対する謗法《ほうぼう》（注：正しい教えを非難する）行為であると共に学会全体に対する大侮辱《ぶじょく》であり、且《か》つ又あまりにも誤った認識不足である。

日蓮大聖人の御真意を拝して御本尊流布完成から国立戒壇《こくりつかいだん》（注：日本が国家として建立する本門の戒壇）建立を目指して正法興隆の戦を推進すべき時が来て居るにも関《かか》わらず、宗門内にかかる正法流布を阻害する行為が、然《しか》も全国より選出された議員達の手によってなされることは断じて譲歩することは出来ない。依て狸祭《たぬきまつ》り事件とは全然別個にこの問題に対しては条文取消しを要求すると共にこの要求完遂迄《まで》闘争する事を予告するものである。……後略……」

いわば宗門との闘争は宗教法人創価学会設立と同時にはじまっているのであって、決して昨日今日にはじまったことではない。いわば「池田会長」登場以前から、山崎弁護士入会以前からの問題であり、創価学会の基本的性格に基づく問題なのである。

「週刊朝日」に今後ともこの問題はさまざまな形でくすぶりつづけるであろうと記した理由はこれに基づく。おもしろいのは、当時の学会の自己規定では「学会員は総《すべ》て日蓮正宗信徒として正宗寺院所属の信徒ばかり」であり、それが今回の「週刊朝日」の池田発言では「学会員を檀家として従わせようという考えが宗門の一部にあった」となっている点で、以前は自らが主張したことが、今回は、相手の主張になっている。

規則改訂の微妙な変化

これが創価学会の二重性格ともいうべき点であろう。前の定義では「正宗寺院所属の信徒ばかり」で構成される平信徒《レイマン》の伝道団体ということになる。もちろん平信徒が伝道して悪いということはなく、どの宗教でもそれはむしろ奨励されているから、このこと自体は少しも不思議ではない。

しかしこの場合は、創価学会に入会したものは自動的に「正宗寺院所属の信徒」にならなければおかしいのであり、そう自ら規定し、そう主張し、そう実行しているなら、宗門との間に対立や抗争はあり得ない。

後述するように（注：本書165ページ）それは、ＹＭＣＡと教会との関係のようになるであろう。だがしかしこれが、「学会員にはなるが、正宗寺院所属の信徒にはならない」となれば、それは宗教法人創価学会は、日蓮正宗系の別の宗教、すなわち類似宗教となるであろう。類似宗教とは、類似していても独立した別宗教であるから、別の教義をもち、別の教主がいて、いっこうにかまわないわけである。

もちろん昭和二十六年と五十六年の間には、三十年の歳月が流れている。はじめは「正宗寺院所属の信徒」であっても、性格を変え、独立し、別宗教・別宗派になっていっこうに差し支えはない。「信教の自由」は憲法に保障されているのだから、「宗教法人創価学会規則」を改訂すればよく、その性格を変えることは創価学会の自由である。

そしてこの規則の本会の「目的」「解散」のところを見ると、微妙な変化があることも事実である。次にこれを比較してみよう。

昭和二十六年、設立当時の「規則」＝（目的）第三条　この法人は、日蓮大聖人の一閻浮《えんぶ》提《だい》総与の大曼陀羅《だいまんだら》を本尊とし、かたわら日蓮正宗の教旨をひろめ、儀式行事を行い、信者を教化育成し、その他正法興隆・衆生済度の聖業に精進するための業務及びその他の事業を行うことを目的とする。

解散（残余財産の帰属）第三十一条　この法人が解散した場合における残余財産は、解散のときにおいて全責任役員の同意によって選定された他の宗教法人又は公益法人に帰属する。

昭和五十一年の変更による「規則」＝（目的）第三条　この法人は、日蓮大聖人御建立の本門戒壇の大御本尊を本尊とし、日蓮正宗の教義に基づき、弘教および儀式行事を行い、会員の信心の深化、確立をはかり、もってこれを基調とする世界平和の実現と人類文化の向上に貢献することを目的とし、これに必要な公益事業、出版事業および教育文化活動等を行うものとする。

解散（残余財産の帰属）第三五条　この法人解散後の残余財産は、役員会においてその定数の三分の二以上の多数の議決により決定されたものに帰属する。

さてこの「教旨をひろめ」と「教義に基づき」だが、この言葉は、少なくとも「正典《カノン》」が絶対化される宗教においては意味が異なる。この点、日蓮正宗は「ハリガネ宗」といわれたように〝正典絶対的〟である。

これは構造的には決して〝無限抱擁的〟ではなく、その意味では日本の諸宗教・諸宗派の中で西欧的な宗教の定義と一種の類同性をもつといえよう。これが内村鑑三《うちむらかんぞう》・矢《や》内原忠雄《ないはらただお》（注：ともにキリスト教思想家）といった人が日蓮に強い関心と親近感をもった理由であろうと思う。

日蓮にとっては法華経が絶対であって、天皇も将軍も絶対ではない。したがって彼が政治的勢力から迫害を受け法難を受けて当然で、殉教《じゅんきょう》しても不思議ではない珍しい日本人といえる。

もっとも鎌倉時代は、体制の混乱期で絶対的対象がないから、多くの宗派が、「体制外の絶対者」への「信」を絶対化して不思議ではない。そしてこの「信」を絶対化したという点では、旧仏教側とされ、法然《ほうねん》（注：浄土宗《じょうどしゅう》の開祖）を批判し『摧邪輪《ざいじゃりん》』を記した明恵《みょうえ》（注：華《け》厳宗《ごんしゅう》中興の祖）も、法然その人も、基本的には同じであると田《た》中久夫《なかひさお》氏（注：民俗学・日本史学者）は記しておられる。

確かにそういえるであろうが、しかし明恵は、真言《しんごん》（注：真言宗）・華厳を一体化し孔子《こうし》・老子《ろうし》も評価し、春日大明神《かすがだいみょうじん》を守護者とする点では、三教合一論的だといえよう。

この点、確かに日蓮はこれと違って、法華経絶対であり、同時に自己の解釈が絶対なのである。いわば「正典とそれに対する自己の解釈権」が絶対化されており、それが「教義《ドグマ》」となっている。

こういうタイプの宗教においては、その「教義」への解釈権を誰がもつかは、その宗教の基本にかかわる問題になってくる。

宗門の疑心暗鬼

キリスト教なら、その「解釈権」は宗教改革まではローマ法王だけがもっていた。したがって、もし「キリスト教の教義に基づき」それに法王と違った解釈をして、これを自己の信仰と行動の原理とする者が現れたら、それは異端者とされねばならない。

ルター（注：ドイツの宗教改革者）の宗教改革のときも、法王はまず、「六十日間の猶予《ゆうよ》」を与えてその説を改めることを命じている。この命令に服従しなければ法王の解釈権の否定となるから、それは異端として排除されるか、自らが解釈権をもつ一宗派の創立にならねばならない。

この点、キリスト教とはまことに〝ハリガネ宗的〟であり、同じ宗教改革者同士でも「教義」となると妥協はない。ルターとツウィングリ（注：スイスの宗教改革者）はその教義を十五ヵ条に要約して合同を図《はか》ったが、うち一ヵ条がどうしても一致せぬため分離した。たとえ「一ヵ条」でも、「まあ、まあ」とはいかないのが「教義」である。

日本には、この伝統がないので、「教旨をひろめ」と「教義に基づいて」が、どのような違いをもつかなどということは、あまり問題にされないであろう。

しかしこれは創価学会が教義の解釈において、本山と違う解釈をなしうるか、いわば学会が「解釈権」をもつか否《いな》かの問題であり、「教旨をひろめ」とは意味がまったく違ってくる。「日蓮正宗の教旨をひろめ」という言葉には、「解釈権」は含まれず、本山の解釈に基づく「教旨」を広く伝えますということにすぎない。これならば確かに「信徒による伝道団体」である。

伝道団体というものは、目的を達成すれば解散するのが普通である。カトリックの典型的な伝道・教育団体といえばイエズス会だが、これも一度解散し、現在のイエズス会はその後に再建されたものである。

山崎正友氏によると戸田前会長には、目的を達したら解散という意向があったそうだが、独立の宗教団体でなく信徒団体であればそれが当然であろう。

解散は当然に残余財産の処分という問題を生ずるが、キリスト教ならこれは教会か他の伝道団体に帰属するのが普通である。この点、設立時の「他の宗教法人又は公益団体に帰属する」はまことに常識的である。というのは日蓮正宗の「他の宗教法人」といえば、本山しかないからである。

一方、現在の「規則」の三五条の「三分の二以上の多数の議決により決定されたものに帰属する」は少々不思議である。いわば一括して池田名誉会長に帰属しても、役員に帰属しても、「法人」の処置としては何ら違法ではないし、それを基本に本山から分離した一宗・一派を建ててもよいわけである。

以上のような「規則」の改訂を本山側が「教義的・財務的独立準備」と見ても不思議ではない。そしてこのような宗門の疑心暗鬼《ぎしんあんき》は、前記の「狸祭り」事件（注：本書46ページ参照）を契機に始まったといえるであろう。

池田会長は本仏なのか

不祥事の〝総括〟

「創価学会！」といっただけで、一種の「拒否反応」を示す人は決して少なくない。藤原弘達氏の『斬る』に次のような記述がある。

「たとえば、『週刊文春』（昭和四十五年一月十二・十九日合併号）の『各界50氏、創価学会への直言』等をみると約四割の人たちが発言をことわっているというほどだ。この冒頭にコメントを拒否した高名な作家なるものの発言を載せてあるのでちょっと引用しておこう。

『〝直言〟だって？　イヤだ。イヤだ。公明党はイヤなんだ。批判したら、また投書と電話で波状攻撃をされちゃタマらんもの。二、三回やられてるんだ。むこうは多数だが、こちらは一人。やりきれませんよ。ボクはナニもいいませんよ。だいたいそういう不愉快な目にあわせる宗教と政党に、ボクがいい感じを持っているはずがないでしょう。発言するとなると、どうしても悪口になっちゃう。そうなると、また学会員たちの波状攻撃だ。なにしろ、モノいえば唇《くちびる》さむし、一銭のトクにもならないばかりか、実害があるんだから……』。これではもはや自己規制などというなまやさしいものではない。ヤクザの〝お礼参り〟におびえるようなものだ。またそうした方向に追いやってきた学会・公明党の言論人操作は、ヤクザの〝お礼参り〟による被害届封じの手段にも似た実に卑怯《ひきょう》な言論抑圧のやり方である」

この印象はまだ言論人にも編集者にも強く残っており、このムチの反対側にはアメがあると思っている人が多いから、今回の「週刊朝日」の連載も都議選を目標としたアメで、山崎裁判はムチ、その一環として「山本さんも、今度はうまく大作にはめられましたね」ということになるのであろう。

こういう印象が根強く社会にあることは否定できないであろうが、このアメとムチを否応《いやおう》なく強く感じつづけてきたのはむしろ宗門であろう。したがって宗門との関係は創価学会を解く鍵《かぎ》である。

この事件の経過は聖教新聞（昭和二十七年五月十日以降）に詳しく記されているから省略するが、その一面トップ大見出し「神本仏迹論《しんほんぶつじゃくろん》（注：神道の神が仏《ほとけ》の姿をとったという論。仏が神の姿をとったという仏本神迹論の反対説）の小笠原慈聞《おがさわらじもん》師を学会青年達が〝狸祭り〟（注：昭和二十七年四月に日蓮正宗の「立宗《りっしゅう》七百年祭」のとき、小笠原を暴力的に吊《つる》しあげた事件。弾圧者側のタヌキとみなして、血祭りにあげた）」に始まる「遂《つい》に目的達成！　墓（牧口常三郎《まきぐちつねさぶろう》初代会長の）前で謝罪状を」「神本仏迹か仏本神迹かの教義信条問題を公開せん／日蓮正宗の維新断行に／護国憂宗の士ら遂《つい》に立つ」でおおよそ見当がつくであろう。

写真も載っているがその〝総括〟は相当にすさまじい。もっともこの事件は、後述するように、戦時中の言動に対する追究という一面を強くもっており、「暴力抜きの教義論争」そのものなら、日蓮正宗ならあって不思議ではない。

だがここに、「教義の絶対化」が「行動の絶対化」を生みだすという、いわば「イデオロギーと行動規範」の問題がすでに露呈して、その様相は「学会紅衛兵《こうえいへい》による本山実権派への攻撃」といった様相も示している。

いずれにせよこの事件は、本山からの「誡告《かいこく》」と、会長の「御詫状」で一応の終結を見せているが、双方とも興味深い内容なので、その全文を次に引用しよう。

誡告文

大講頭　戸田城聖

あなたとあなたが指導する青年部の者が、去る四月二十八日、総本山に於《お》ける宗旨建立七百年慶祝の大法要の期間中に惹起《じゃっき》せる不祥事は、甚《はなは》だ遺憾の極《きわ》みである。

然《しか》も、その影響する所は善意にしろ悪意にしろ国内一般に伝わり、宗門の面目を失うことが多かったと認められる。

抑《そもそ》もその根本原因は、あなたが先に提出せる始末書により、一応は了解することが出来、その情状も推しはかることも出来るが、慶祝式典の時に当って暴力を行ったということは、不当のことにして世人の顰蹙《ひんしゅく》を受けるは当然のことである。

宗門を思う心の余りとはいえ、宗門人はかえってあなたの本心を疑い、暗鬼を生ずることは論を俟《ま》たない。

次々とかかることが生ずるならば、宗門は異体同心どころか僧俗共に疑心に包まれることになる。

二祖日興上人《にっこうしょうにん》（注：日蓮の高弟の一人）は「刀杖《とうじょう》（注：武器。あるいは武器を用いての暴力）等においては仏法守護の為に之を許す」と示されるも、儀式中、かかることがあってはならぬと深く御心をいたされて「但《ただ》し、出仕の時節は帯《たい》すべからざるか」と特に誡《いまし》められているのである。

宗門の教師僧侶は白衣の沙弥《しゃみ》（小僧）に至るまで、総《すべ》て予が法類（注：同じ宗派の親密な信徒同士）、予が弟子である。若《も》し其《そ》れ此《こ》の教師僧侶を罵詈《ばり》（注：ののしる）し侮辱するならば、法主たる予が罵詈され、予が面《おもて》に唾《つば》されるものと身に感じ心をいためているのである。

予が法類、予が弟子として宗義に違背《いはい》し、あるいは不行跡《ふぎょうせき》があれば、予に於て訶責《かしゃく》（注：叱り責めること）し処置するのである。

あなたは大講頭として正宗信徒の先陣に立ち、熱原《あつはら》（注：一二七九年に熱原で起きた日蓮宗徒への弾圧）の烈士の後を続くべき責任を負荷《ふか》されているのであるから、内に当ってはよく忍辱《にんにく》の鎧《よろい》を着し、外に向っては強く折伏を行じなければならない。

末法の僧は十界互具《じっかいごぐ》（注：地獄界から仏界までの十界は互いに他の九界を備えてしまっている、という考え方）の凡僧であるから、多少の過咎《かきゅう》（注：あやまち）は免《まぬか》れない。僧侶に瑕瑾《かきん》（注：欠点）があれば、正当なる手続によるべきである。今後、かかる直接行為をなすことは堅く禁止する。今回のことは、その拠《より》て起きた情状を酌量《しゃくりょう》し尚《なお》、永年の護法の功績を認めるに依り此の如《ごと》く後の誡《いまし》めとする。尚《なお》、法華講大講頭の職に於ては大御本尊の宝前に於て自ら懺悔《ざんげ》して大講頭として恥《は》ずるならば即座に辞職せよ。若《も》し恥じないと信ずるならば、心を新たにして篤《あつ》く護惜建立《ごしゃくこんりゅう》の思いをいたし、総本山を護持し益々《ますます》身軽法重死身弘法（注：身は軽く法は重し、身を死して法を弘《ひろ》む）の行《ぎょう》に精進すべきである。

予は宗祖大聖人より血脈付法《けちみゃくふほう》（注：宗祖からの教理等が、血のつながりのように代々《だいだい》伝授されてきたこと）の法主の名に於て、

右の如く誡告する。

昭和二十七年七月二十四日

総本山大石寺　第六十四世法主　日昇

奉　御詫状

私儀《わたくしぎ》

如き者を信者の一分と思召《おぼしめ》されて、七月二十四日附を以て慈悲深き誡告の文を賜《たま》わり只々《ただただ》恐《きょう》懼《く》（注：おそれかしこまる）の至りで御座居ます。

四月二十七日夜、御本山に於いて小笠原慈聞氏の大謗法を責めました事は、宗開両祖（注：宗祖・日蓮と開祖・日興）の御金言を深く奉受《ほうじゅ》する若者共の熱情より発したる事とはいえ、日あたかも慶祝七百年記念日の尊き日でありましたので恐縮に耐えません。

又、御本山は永く平和にあられたので、七百年記念に登山の僧侶の中には邪宗との死を以てする闘争を見た事なきため、かかる人々には色々の点で相当の影響を与えたことと存じます。

事件後、これ等の人々に依て噂《うわさ》は噂を生み波紋を生じて、それが為に猊下《げいか》（注：高僧への敬称）の宸襟《しんきん》（注：お心）を深く悩まし奉《たてまつ》った事と存じます。不肖なる末法の子供達の御本山を思う熱情より発したことと思召されて此の罪をお許し頂《いただ》き度《た》く伏して御願い申し上げます。

創価学会員は噂のうちにある如き暴力の徒では決してありません。御本山に対し猊下が「予が法類」と御呼び遊ばす御僧侶に対しては恭順なる信徒であることを、確信を持って言上致します。

只、宗内においても余りに謗法に傾き過ぎたり、大白法《だいびゃくほう》（注：「白法」とは〝仏の正しい教え〟の意。ここでは日蓮の仏法）の信奉に惰弱《だじゃく》なる者を見る時、況《いわん》や宗外の邪宗徒をせめる時は宗開両祖の教を胸に深く刻むが故に、決定的な闘争になる傾きがあるのであります。

これが行き過ぎのなき様に深く会員を誡《いまし》めて指導致しますが「護法」の精神に燃ゆる所、生命を惜まぬが日蓮正宗信者なりとも亦《また》日夜訓《おし》えて居ります為に、その度を計りかね名誉も命も捨てて稍々《やや》もすれば行き過ぎもあるかも知れませんが、末法の私共は十界互具の凡夫であり愚者でありますから、宏大の御慈悲をもって御見捨てなく御指導下さる様、重ねて御願いします。

誠告の御文に「恥ずるならば大講頭職を辞せよ」と御座居ましたが、猊下の宸襟を悩まし奉った事は恐れ多いと存じますが宗開両祖の御金言には露ばかりも違わざる行動と信じます故に、御本尊様の御前にして日蓮正宗の信者として自ら恥じないと確信し、大講頭職は辞しません。

又「恥じないと信ずるならば心を新たにして篤く護惜建立の思いをいたせ」と承《うけたまわ》り身の奮い起つ思いを致しました。

つらつら今の時勢を考えますのに正法興隆の兆《きざ》し顕《あらわ》れ、東洋数億の民は猊下の御徳によって大聖人様の真の仏法を拝し塗炭《とたん》の苦しみより救わるべき時が来て居ります。

不肖、城聖は暗愚の者ではありますが、宗祖大聖人様の御威光を頂き猊下の御徳にすがり創価学会の折伏の精兵をひっさげて、身軽法重の御命に従い一身を折伏の戦陣にさらす決心であります。

而《しこう》して護惜建立の御言葉を心にいたし御本山を思いますのに、猊下の御徳によって慶祝七百年記念事業もほぼ完成されたのは只々猊下の御徳と慶賀致す次第であります。

只、惜しむらくは未だ五重塔の修復ならず、画竜点睛《がりょうてんせい》（注：最後の仕上げ）を欠くの思いであります。彼《か》の五重塔は東海道唯一の名建築として、我等が御本山の誇りでありますが故に、猊下に於かれても小悩であらせられるやに拝せられて心を痛める次第であります。かかる事を申し上げるに恐れあれども今にしてこれが修復を成さずんば、近き日に於て倒壊する事は明白であります。

依って、護惜建立の誠を顕わさんが為に、此《この》由緒ある宝塔を我等創価学会に於て修復したいと存じます。

若《も》し猊下の御徳と御慈悲によってこれが修復の儀を我等創価学会に御下命《かめい》下さらば会員一同の喜び、これに過ぐるものなく奮起勇躍して御奉公致す覚悟で御座居ます。
謹《つつし》んで我等の願望、御推察せられて御下命賜わらん事を御願い申し上げます。
昭和二十七年七月三十日
創価学会
会長　戸田城聖

宗門が学会と手を切ろうとしたとき

「誡告文」とこの「御詫状」は、さまざまな点で興味深い。「謗法訶責」を教義違反への弾《だん》劾《がい》と解するならば、それはあって当然だが、その決定権は誰がもっているのか、「謗法訶責＝暴力」と解して果たして教義違反にならないのか、ということであろう。もしこの決定権と解釈権を創価学会がもつならば、本山はすでに存在理由を失っている。

興味深いことは、戸田会長も、「宏大な御慈悲をもって御見捨てなく御指導下さる様」と言いつつこの点では譲歩しておらず、五重塔の修復を申し出ているのである。だが、これが「宗旨建立七百年慶祝の大法要」の中でおこなわれたことは、ある目的をもっておこなわれたデモンストレーションであったとも想像される。おそらくこの事件が、前掲の「檀徒及び信徒は本宗が包括する宗教法人以外の宗教法人に加入することが出来ない」が宗会に於て可決された理由であろう。

もちろん、宗教法人日蓮正宗と宗教法人創価学会は別法人であるから、本山がそれにどのような規制を加えようと学会側とは法的には無関係である。ところがここで学会は、「狸祭り」に続いてこの「項目」の取消闘争に入るのである。これは同年七月十日以下の聖教新聞に記されている。

見出しだけを紹介すると「学会堪忍袋《かんにんぶくろ》の緒《お》を切る／宗会議員《しゅうかい》の怪行動／悪辣《あくらつ》極まる新聞種提供」「学会、宗会へ要求／学会の宗教法人否定の議員提案／宗制一項目取消を」「宗会と闘争宣言／男子青年部会で」「青年部が宗会議員と対決開始／柿沼《かきぬま》尊師の巻／強談判《こわだんぱん》四時間半／胸襟《きょうきん》開けぬか！　と／インチキ坊主と妥協せぬ。手種《てぐさ》尊師の巻／全面取消約束／学会の決意強調す／十八日、池田・白木・板倉氏が訪問」「第二次〝狸祭〟実現か／宗会議長か醜怪議長か！　／久遠寺《くおんじ》住職市川真道氏・計画的悪業／青年部の闘争市川氏に集中／秋田慈舟師非を認む／悪新聞記事取消も確約／秋山教悟尊師了承す／強談判実に六時間！　学会を理解さる」等々々、目を通していくだけで相当すさまじい。

しかもこれが、聖教新聞そのものに載っているのであり、一種の「戦意高揚記事」になっている。

創価学会の法人設立と同時に発生した諸事件を中心にだいぶ長々と書いたが、これは宗門との問題がそもそもその出発点にあって、決して「一悪徳弁護士のマッチポンプ」といった単純な問題ではないことを示すためであった。

そしてこの種の暴力事件はキリスト教会内にもあり、また大学紛争の暴力事件はこれより大規模で凄惨《せいさん》なものもあるから、これをもって「創価学会は暴力宗教」と決めつけることは、適当でないであろう。

しかし、普通の日本人にとって「宗教」という概念はこれとやや違って「無限抱擁」的なものであるから、違和感を感じて「暴力宗教」の名が生じて不思議ではない。そしてこのときがおそらく、宗門が学会と手を切ろうとした最初なのである。

「池田本仏論」の深層

そして第二回が「池田本仏論《ほんぶつろん》」のときである。これについては、まず「週刊朝日」を引用しよう。

「……宗門と学会の仲が決定的になった一つの要因として、一時期とりざたされた『会長本仏論』というものがあります。実際にそうした動きはあったのではないですか。

池田　本仏論なんていうのは、本来、ないんです、学会には。それから、そんなことをいった人もおりません。私も江戸っ子で、ご存じのように、あけすけの人間ですから、そういう意思《いし》もなければ、なにもありません。本当のありのままの人間と人間の触れ合いができあっていけばそれでいいんです。

それに、われわれの信仰の対象には御本尊があるのですから、それを根本にしてここまでやってきたんです。まあ、どういう社会でも、やっぱりリーダーというのは必要ですから。それだけであるわけです。

幹部のなかに『会長は絶対である』というような言い方をする人があるもので、それが誤解されてこうした『本仏論』といわれような言葉になったと思いますが、そんなことはないんです。

——本仏論という言葉が、ですか？　本仏論という言葉はないんですか？

池田　本仏というのは日蓮大聖人だけなんです。それが、私が日蓮大聖人の生まれ変わりみたいだというふうにつくられたんです。本仏論ということになると、これは教義上の問題になります。それで山崎なんかは、学会ではそういっていると。そう思い込ましていると。そういう虚像を拡大していったわけです」

ここでも責任は山崎正友氏にあるとされ、「週刊朝日」の解説には次のように記されている。

「学会は昨年四月、山崎に三億円を脅《おど》し取られたが、この際、その金と引き換えに、山崎と原島嵩《はらしまたかし》元教学部長が密《ひそ》かに持ち出していた学会の内部資料（段ボール箱で十数箱分）を取り返している。ところが、これらの箱に、山崎自筆の原稿や手紙の下書きが大量にまぎれ込んでいたのだという。それらの中には、学会の攻撃法を具体的に指示した、宗門中枢《ちゅうすう》への手紙の下書きなどもあったとされる。こうしたことから、学会側は、少なくとも五十一年暮れ以降の学会と宗門との軋轢《あつれき》は、『山崎の謀略に負うところが大きい』とみる」と。

これがもし「たかが週刊誌の記者だ、ま、こう言っておけばよいだろう」ということなら、それはそれで一つのPR上の見識であろう。相手にこれに関する教義上の問題点を説明する必要もないから、後述する福島源次郎《ふくしまげんじろう》副会長の「回答」のような形でもよいわけである。

池田氏が、それに続いて述べていることの趣旨も、福島氏のそれとはぼ同じである。だが本山は、そういうことを問題にしているのではないとして、内事部から創価学会へ質問書を送っている。

これは四ヵ条からなっているが、この問題に関連するのは第二、第四条なのでこの部分を次に引用しよう。

拝啓

春寒の候、貴会弥々《いよいよ》御精進の段、大慶に存じます。

扨《さ》て、曩《さき》に当職より貴会副会長秋谷《あきや》栄之《えいの》助《すけ》氏に御送付致しました、九州大牟《おおむ》田《た》会館に於ける貴会副会長福島源次郎氏の三月六日付指導事項中、内事部所管事項に係る下記三点について御質問致します。

つきましては、御繁忙の折とは存じますが、文書を以って御回答下さるよう御願い致します。

一、略

二、会長本仏ということについての会員からの質疑に対する福島副会長の回答に、「会長が本山へ行ったりすると『先生、先生』とみんなが慕《した》って行くのに反して、猊下を誰もお慕いして近寄ろうとしないところから僧侶がやっかんで会長本仏などと会員が宣伝していると邪推した」旨の発言がなされたが、一体会長が総本山へ来た折、会員が、「先生、先生」と慕って行く光景を山内僧侶は殆《ほとん》ど見聞していないし、たとえそうであったとしても僧侶がそんな皮相的現象面を把《とら》えて会長本仏などと邪推する訳がありません。だいたい会長本仏なる迷論は会長池田大作氏自身が、生死一大事血脈抄《しょうじいちだいじけちみゃくしょう》の講義に於いて、「血脈相承《けちみゃくそうじょう》（注：仏法が師から弟子へと相続されること）といえば、よく既成宗教などにみられるように、神秘的に高僧から高僧へ、深遠甚深《しんえんじんじん》の儀式を踏まえて流れるものであると思われがちであります。……大聖人の仏法の本義はそんなところにあるのではない。」（「大白蓮華《だいびゃくれんげ》」昭和五十二年六月号）と歴代御法主上人の御内証たる血脈相承を暗に否定する発言をしており、また、昭和五十二年二月十六日の御報恩記念勤行会《ごんぎょうえ》では会長自身、「すなわち日蓮大聖人の正真正銘の門下であるならば、日蓮大聖人の振る舞いと、その精神を根本にすべきなのであります。それは途中の人師・論師ではない……。」とも指導して御法主上人をないがしろにするが如き発言をしている。会長自身のこの姿勢を受けて「師への帰命」（「大白蓮華」昭和四十九年五月号）とか、「久遠の師池田会長」（昭和五十六年十月北風九州長）とか、「現代において主師親三徳具備の方は池田先生」（「大白蓮華」昭和四十一年二月号）とか、「池田先生こそ本門弘通《ほんもんぐずう》の大導師」（「教学と私」八矢英世）とか、「池田先生と境智冥合《きょうちみょうごう》」（「教学と私」平塚一雄）とかいった一連の問題発言がなされていることについて、六・三十、十一・七等に於いて、謙虚に反省した筈《はず》ではなかったのですか。

他宗のことはいざ知らず、日蓮正宗では右各位の発言にみられる如き讃辞は御本仏に対するもの以外の何ものでもありません。「見・置」の二字を懼《おそ》れ、「仏法中怨《ぶっぽうちゅうおん》」（注：仏法を破る者にきちんと対処しないこと）の責を恐れるが故に、それを指摘することが何故《なぜ》邪推になるのかお伺いしたい。

因《ちな》みに邪推とは「ひがんで推察すること・よこしまなうたぐり」(広辞苑)とあります。日蓮正宗の教義の上から、異流まがいの発言を指弾することは日蓮正宗の信仰をする者にとっては正視であり正論であっても、ひが目やよこしまな見方では決してありません。邪推はむしろ、福島副会長の方ではないですか。
三、略
四、以上三点を含めて当日の福島副会長の発言は、「すべて副会長全員の意見である」旨《むね》結んでおりますが、若《も》し之《これ》が真実ならんか、洵《まこと》に以って憂慮すべき事と存じます。
これは、御説の通り副会長全員の統一見解とすれば、当然、会長自身も御納得のことと存じます。この点について確答下さい。
敬具
昭和五十四年三月十三日
総本山大石寺　内事部
宗教法人創価学会理事長北條浩/外副会長各位殿

こういうことは外部の人間にとっては、どうでもよいことなのかもしれない。さらに宗教用語というものは外部の人間にはわかりにくいので、これがなぜ宗門にとって大問題なのかピンと来ない点もあり、さらにこれがなぜ「池田本仏論」といわれるのかも理解しがたいであろう。

簡単にいえば宗教学者によると、「主師親」とは日蓮正宗では日蓮のみの称号で「本門弘通の大導師」とは日興のこと、「『南無《なむ》』とは梵語《ぼんご》（注：サンスクリット）なり。此《これ》には『帰命』と云う」と御義口伝《おんぎくでん》（注：日蓮の講述を日興が筆録した、とされているもの）にあり、これらを総合すると「南無現代の日蓮・日興上人池田大作様」となってしまうというのである。

私は門外漢なので、宗教学者の解釈が正しいか否かは知らないが、そう解釈した上で、さらに「各位の発言にみられる如き讃辞は御本仏に対するもの以外の何ものでもありません」を念頭に置いて次の、本山から創価学会への指摘を読むと、なぜ問題がこじれにこじれたかの理由が相当にはっきりする。

日本人は宗教オンチ？

解けない謎

それは「血脈相承といえば、よく既成宗教などにみられるように、神秘的な高僧から高僧へ、深遠甚深の儀式を踏まえて流れるものであると思われがちであります。……大聖人の仏法の本義はそんなところにあるのではない」「日蓮大聖人の振る舞いとその御精神を根本とすべきなのであります。それは途中の人師・論師ではない……」に対する本山からの次の指摘である。

「㈠途中の人師、論師とは誰を指すのですか。㈡学会の原点が戸田会長の悟達《ごたつ》（注：悟りに至る）であるというのにたいし、ここでは大聖人直結の血脈が述べられており、両者は関係がないのではありませんか。また、日蓮大聖人直結とはどういう意味なのですか。㈢ここでは既成宗教に血脈相承があることをのべ、かつ大聖人の仏法の本義はそんなところ（高僧から高僧への血脈相承）にあるのではないと論じられているが、それは日蓮正宗に血脈相承があることを否定することともとれますが、その意味なのですか。他宗でも血脈ということは言うが、血脈相承とは言いません。また、法体の血脈相承と生死一大事の信心の血脈とはその意味に違いがあります。しかるに学会で大聖人直結の血脈というところに、おのずから本宗の唯受一人の血脈を否定するかのようです。そこであえて質問いたしますが学会では生死一大事の血脈のみを血脈として、身延相承書《みのぶそうじょうしょ》（注：日蓮が弟子・日興に手渡したとされる文書）の『血脈の次第日蓮日興』の文義を否定するのですか」

キリスト教史を学んだ人なら、この問答を宗門が決定的な問題と見て、当然と思われるであろう。というのは「イエス・キリストは絶対で、自分はそれに直結しているが、その後継者だという途中の法王は問題ではない」といえば、それはルターが法王庁に向かっていった言葉と同趣旨になり、それは否応なく「別宗派の創立」になるからである。

ルターは有名な「聖書のみ《ソラ・スクリプトゥラ》」を宣言した。いわば自分は聖書に直結しているのであって、法王の権威は一切認めないという宣言である。

こうなれば、たとえ共にイエス・キリストを絶対化しているといっても、それはプロテスタントのルター派であって、カトリックではない。同じことであろう。共に日蓮大聖人を絶対化しているといっても、本山の「人師・論師」は関係なく、自分は日蓮に直結しているといえば、それは「日蓮正宗創価学会派」の創立になってしまう。

そうならば、他の「称号」の諸問題は、本山とは無関係で、池田氏が「本仏」であろうと、「師への帰命」「主師親三徳具備の方」「本門弘通の大導師」という言葉が出て来ようといっこうにかまわないはずである。

社会学者の小室直樹《こむろなおき》氏は、池田氏がなぜ、ここまでいって「日蓮正宗創価学会派」を創立せずに本山に「お詫び」に行ったのか不思議がられたが、確かにこれは、私にも解けない謎である。

日本は「信教の自由」が保障されているのだから、一宗一派をたてることは自由であり、日蓮宗、日蓮正宗、日蓮創価学会宗があって、いっこうにかまわないはずである。なぜそうしなかったのか。この理由だけは、誰に聞いても明白でない。

ある人は「公明党を抱えており選挙が近いからでしょう」といい、ある人は「古い会員特に池田氏の先輩は創価学会員よりむしろ日蓮正宗信徒という意識が強いから、その人たちの分離を恐れたのでしょう」といい、また「いや、いずれは本山も取り込んで創価学会寺院部にする目算が立っているからです」などという。

ただそれらの「解説」はすべて、「お詫び」は利害打算から出たもので、教義的に自分が正しくないと認めたのではないであろう、とする点では一致している。

長期化、泥沼化の背景

以上の主張は、創価学会は仏典に対して本山と違う独自の解釈ができることを意味する。いわば「解釈権」保持の主張であり、その問題は、本山の警告のはるか以前から出ている。そしてそれは創価学会も御供養《ごくよう》を受けられるという、池田会長の次の言葉である（聖教新聞昭和五十二年一月十七日）。

「一、更に、この供養について若干《じゃっかん》歴史的なことを申し上げますと、前にもお話しした維摩《ゆいま》詰《きつ》（注：釈迦《しゃか》の弟子）は、在家の身でありながら供養を受けた事実が『維摩詰経』（注：一般でいう維摩経）に記されております。その時の様子を経文《きょうもん》にみますと、維摩詰は、ひとたびは固辞し、どうしても受け取ろうとはしなかった。

再度の申し出に供養を受け取った彼は、これを人々から軽べつされている貧しい民衆のために半分を使い、あとを仏にたてまつり、仏法弘通《ぐずう》（注：仏法を広めること）のために使ったと記されております。

このことは何を意味しているのでありましょう。一つには真に仏法流布《るふ》に挺身《ていしん》し、民衆救済に進むものには、供養を受ける資格があるとの思想が、底流にあること。二つには、その供養が民衆のために、仏法のために還元されるならば、それは、仏法の本義にかなうということなのであります。つまり、供養とは、あくまで仏法のためになすのであります。

その供養が仏法流布に生かされるならば、在家の身であっても供養を受けられるという思想があります。

大乗仏教の最高峰たる法華経になりますと、更に徹底化され、真の『法師《ほっし》』についてふれられています。法華経法師品《ほっしほん》には、法華経を受持《じゅじ》（注：教えを銘記する）、読《どく》、誦《じゅ》（注：そらんじる）、解説《げせつ》、書写《しょしゃ》する、つまり、五種の妙行《みょうぎょう》（注：すぐれた行法）を実践する者を法師と名づけ、在家、出家ともに、法華受持の人は最高の供養を受ける資格があると強調しております」


これに対して本山側は次のように指摘している。

「一、維摩詰が供養を受けることは、法華経で観世音菩薩《かんぜおんぼさつ》が受けたのと同じく、仏に捧げる意味であります。ことに維摩詰は在家であり、供養を受ける資格があるとはいえません。経文に応供《おうぐ》とあるのは仏のことで、供養を受ける資格があるのは、仏以外にない。在家はどこまでも資生産業《ししょうさんごう》（注：生活していくための、なりわい）にはげみ、仏に供養するべきであります」

だがここで宗門の最後通牒《さいごつうちょう》ともいうべきものを掲載して、この問題は終わることにしよう。というのは両者のこの種の応酬をひろっていくと、まことに際限がないというほど多い。これで見ると「創価学会史」とは一面では、「宗門へのアメとムチの歴史」ともいえる。この点、創価学会はやはり「日本的」といえるであろう。いわば本山の純然たる信徒団体でもなく、といって本山とはまったく別の独立した宗教団体でもない。しかしいずれにせよ、宗教法人設立時に本山が示した三ヵ条、

1・折伏した人は信徒として各寺院に所属させること

2・当山の教義を守ること

3・三宝（仏・法・僧）を守ること

が順守されて来たとはいいがたい。これを見ると、問題はもちろん、一弁護士のマッチポンプではない。

宗門は次のような公開質問状を送った。

拝復

昭和五十四年三月二十四日付、貴翰《きかん》拝見致しました。

貴回答は、当局の質問に対する御回答としては、遺憾乍《なが》ら、貴会中枢幹部諸氏の信心と英

知と勇断を信頼した当局に対し、充分なる満足を与えるものではございません。

当局と致しましては、貴会の従来の宗門外護の成果を認識した上で、之を無に帰せしむることを虞《おそ》れて充分なる配慮を以って猛省を促した積りでございます。

徒《いたず》らにお為《ため》ごかしの小策を弄《ろう》する前に、胸に当てるべき手を御宝前に合掌《がっしょう》して冥《めい》の照覧を恐れて下さい。

「正直為本」こそ信仰の原点です。

願わくは、素直な信仰者としての姿勢に立って、事実を厳しく省察の上、今一度当局よりの三月十三日及び同月十五日付各質問状を逐条吟味《ぎんみ》し、明確にして正鵠《せいこく》を射た回答を文書を以って可及的速《かきゅうてきすみ》やかに御送付下さい。

徒《いたず》らに言葉尻を追ったり、問題意識を転換したり、事実を歪曲《わいきょく》する等従来の経緯を反復するの愚《ぐ》を踏襲せんか、当局には、もはや之に応じて兎毫《とごう》を染める（注：〝筆を染める〟、つまり〝書くこと〟）暇も必要もないことを稟告《ひんこく》致します。

敬具

昭和五十四年四月二日

総本山大石寺　内事部

宗教法人創価学会理事長北條浩／外副会長各位殿

そしてこの一面服従・一面威圧の二面作戦は、時には伸張し、時には「お詫び」という一時的守勢に立ちながらも、ついに本山をとりこみ、これを二分し、長い長い三十年戦争も、「宗門執行部と反学会系僧侶の抗争」という代理戦争にもちこむまでに成功した。「週刊朝日」（注：一九八一年三月二十日号）の「解説」はこれを次のように記している。

「……日達上人の死後、親学会派といわれる日顕《にっけん》上人が法主となったことで、学会対宗門の戦争は、宗門内の執行部と反学会系僧侶との戦いの様相を呈し始めている。

宗門執行部は今年になって一部の活動家僧侶を擯斥《ひんせき》（僧籍剥奪）処分にするとともに、全僧侶の三分の一近い百七十人に対して総本山大石寺への登山停止処分を強行。この宗教戦争は長期化、ドロ沼化が予想されている」と。

創価学会の一応の「勝利」に近いであろう。というのは法主が代理戦争をしてくれれば、創価学会は直接の当事者にならないですむわけだし、少なくとも「錦《にしき》の御《み》旗《はた》」は手にしたからである。

この事態を招来したことは、「宗門がだらしなかったからだ」とする意見もある。もちろん僧侶にも批判されるべき点は多々あったであろう。しかしそれは「教義」とは別の問題であり、同時に宗教改革《リフォメーション》が対抗宗教改革《カウンター・リフォメーション》を誘発することも否定できない。

それが、泥沼化を生みだし、相当長い期間継続し、最終的結末はまだわからないと見るべきであろう。七百五十年の伝統は決して軽くない。

「教義問題」が鍵

これまで主として、ほとんど外部では問題とされなかった宗門・学会の関係について記述して来た。

小室直樹氏によると「日本人は宗教オンチ」だそうだから、こういう場合、「教義」が決定的な要因だという見方はしない。そのためか、創価学会をさまざまに論じた本はあっても、どのような「教義論争」がおこなわれてきたのかは、ほとんど外部には知られていなかった。

しかし、宗教を論ずる場合はあくまでも「教義」とそれへの「解釈権」が中心のはず。正典は同一でも、それへの解釈権は各人の自由ということになれば、「プロテスタント病」が発生する。いわば、各平信徒《レイマン》がそれぞれ池田氏のように自ら「日蓮大聖人に直結」して、各人が仏典を自由に解釈できれば、全員が「小池田会長」になり、全員が「御供養を受けられる」ことになる。そうなれば聖職者（僧侶）は不要になり、日蓮正宗無寺院派（注：本書41ページの内村鑑三が、キリスト教無教会派と称したところからの造語）も発生しよう。

これはプロテスタントなら不思議でなく、現に司祭も牧師も存在しないクエーカー派もある。そして現在の「宗教法人創価学会規則」の第三条に基づけば、このことも可能であると思われる。

ではなぜそうならなかったのか。この「原則があるようで実は無原則」というのが創価学会の宗門への基本的態度であり、同時にそのことは、社会への態度となっている。

この性格が最も端的に出てくるのが「教義問題」であり、私はここに、「創価学会」とは何かを解く鍵があると思っている。

みるみる日本一の巨大教団に

以上のことを頭に浮かべて、もう一度冒頭の問題に戻ろう。

創価学会が出来たのは今から約半世紀前（注：一九三〇年）、宗教法人になってから三十年だが、そのころ、「今にこの会は信徒は公称一千万になり、政党をもつようになりますな」と予言する者がいても、誰も信じなかったであろう。

特に宗教家は「冗談じゃない、あのハリガネ宗が」と一笑に付したに相違ない。事実、そう見るのが常識であったろう。

というのは日蓮正宗は日本の宗教に珍しく絶対主義的であり、神仏習合《しんぶつしゅうごう》を絶対に拒否し、頑《かたくな》なまでに教義を守り、そのため世間から偏狭といわれ、信徒も少なく、小宗団の地位に甘んじつづけ、同時にそれを誇りとしていた。

ある僧侶は「それがハリガネ宗の誇りですよ」といわれたが、この点では少々「日本では例外的」なのである。したがってこの「伝統的小宗派」があれよあれよという間に日本一の巨大教団になるなどということは、教義的にも伝統的にもあり得ないと考えるのが常識であって不思議ではない。

ではなぜ、この「常識」では考えられないようなことが起こったのであろうか。

これはさまざまな面からすでに多くの人が分析しており、今まで私が読んだものを要約すれば、次のようになるであろう。

まず一種の新興宗教として把《とら》えれば、「神様スター」とそれに最短反応を示して御利益にあずかろうとする信者がおり、それが戦後の生活難、伝統的共同体の崩壊による植民地的情況の中で爆発的にふくれあがったとする。

藤原弘達氏は「それにしても創価学会の会員はやたらと〝ゴリヤク〟なるものを説く。創価学会の聖教新聞はまさに〝ごりやく特集新聞〟といっても過言でない。説きすぎると思えるほど説きつづけるのである。信者は現世利益を何とかつかもうとして、半狂乱となって信仰に己《おの》れを打ちこむ。そして折伏の教えにしたがって説きあるき、一方ではやさしく暖かい手をさしのべながら、他方ではこれに反する凄《すご》みのあるオドシをきかせ、相手を自分のペースにまきこむという折伏方式を次第に身につけてゆく」として、それが組織的で、そこで会員が幾何級数的に増加していったとみる。

確かにその面はあるであろう。さらに大宅《おおや》壮一《そういち》氏のいう、幼児から天皇への忠誠を叩きこまれた世代にとって、それが一種の「中毒症状」となり、天皇の喪失とそれによるアキュート・アノミー（注：頼りにしきっていた神に、「自分は神ではない」といわれた場合の、どうしようもなさ）に耐えられなくなって、何らかの対象への絶対的忠誠の下に自己の全エネルギーを発揮してある目標を攻撃したいという欲求を起こし、この心理的要求に最大限にこたえたのが創価学会であるともいえる。

これにはエーリッヒ・フロム（注：ドイツの社会心理学者）の『自由からの逃走』の一面もあり、自由という不安な状態にあるよりも、無限抱擁的な指導者の下でそれに包まれて安心感を得たいという精神的欲求があって不思議ではない。

そして池田氏はその欲求に最もよく対応するイメージを人びとに植えつけるのに成功した、といえる。

さらに収入も少なく社会的地位もない人、俗にいう「下積み」が、学会から教授・助教授・講師等の資格をもらい、伝道教化することに大きな精神的喜びを見出したという点も確かにある。

そういう人ほど、昼間の仕事場とは打って変わった元気さで、夜遅くまで熱心に支部をもりあげ、折伏に熱中するという。学会をやめて檀徒会に入った旧会員の中にも、それができなくなった精神的空白に耐えられず、また学会に戻りたいという人たちも、現にいるそうである。

確かに戦後は、物質面だけでなく精神的空白をも充足できない状態から出発したから、これも大きな魅力であっただろう。

以上のほかにもさまざまな指摘があり、それらはすべて納得できる一面をもっているものの、同じことは他の新興宗教にもいえることであろうから、なぜその中で創価学会が公称一千万人にもなり得たのかとなると、その問題は解けない。そこで、少し観点を変えて、これを日蓮正宗創価学会として眺めてみよう。

『人間革命』と共鳴現象

日蓮正宗はもちろん新興宗教でなく、すでに七百五十年の歴史をもつ伝統的宗教である。したがって日蓮正宗信徒団なら、新興宗教的「うさんくささ」はない。この点も創価学会に有利に作用したであろう。

また日蓮正宗は日本の文化的蓄積の中の一宗教である。確かに数は少ないが最も西欧的な、また教義的な宗教として存在しつづけてきた。

戦後の日本は民主制となると同時に、さまざまの外来の思想や宗教も息を吹きかえし、また新しく流入して人びとの精神に刺激を与えた。こういう場合どういう現象が起こるのか。これらの宗教や思想は日本の伝統に根をもっていない。したがって教義的・絶対主義的ともいえる共産主義やカトリックも大膨張するわけにはいかない。

遠藤周作《えんどうしゅうさく》氏はかつて私に「カトリックは四十万、だから共産党も四十万が限度だよ」といわれたが、それが現実かもしれない。だが、この教義的・絶対主義的思想は、日本の伝統の中から、それに対応するものと共鳴現象を起こす。

これは矢野暢《やのとおる》教授（注：政治学者）の説で、氏は『東南アジア世界の論理』（中央公論社）の中で、次のような興味深い指摘をしている。

「たとえば、ある政治的風土に『革命』というモチーフが導入されたとする。そういう状況で、『文化的共鳴』はかならずおこる。つまり、その導入、いや輸入されたモチーフとしての『革命』は、その風土の文化体系に含まれる類似の政治文化と『共鳴』をきたし、それを表に引き出してくる。ところが、肝心なことだが、『革命』と共鳴する類似のカルチャーは、風土によって違っている。そこで、『共鳴』の結果生じた、その風土における『革命』のあり方も違ってくることになる」と。これがポル・ポト政権が「三印法典《コットマーイ・トラー・サームドアン》」という古い残酷な法典を掘り起こして「『社会主義』という近代的な装いのもとに、時代を古くさかのぼった『先祖返り《アタビズム》』的政治文化を充満させていた」理由であると分析されている。

したがって「あの穏和なカンボジアが……」と驚くような現象があるわけだが、同じように「あの宗教的に寛容な日本人が……」と驚くような現象があって不思議ではない。「革命」が日本に来るとその伝統の一部と共鳴して『人間革命』を掘り起こしてくるのである。

言うまでもないが「共鳴」という現象は、決して主体的に音を立てているのではない。いわば、日蓮正宗の「純音」と戦後民主主義が導入した外来音との混合音であっても、日蓮正宗が教義を曲げ、俗世間と妥協することによって一千万人信徒を獲得しようとして自らの意志で「大音響」を奏したわけでなく、一千万人の共鳴現象を起こしてしまったという現象なのである。

したがってその「音」は宗門にとっては当然に「謗法音」もまざっているのであろう。だが社会に聞こえるのはその共鳴音なのである。

スーパースター池田大作

教義の体現者の絶対化

では、何と何がどのように共鳴したのであろうか。おそらく「教義とその体現者の絶対化」と「殉教者自己同定《じゅんきょうしゃ》」であろう。

この二つは元来は日本にはない。しかし西欧文化にとっては常にやっかいな問題を提起するのである。すなわち教義が絶対化されるとそのため殉教した者は賛美される。そして賛美される時代が来れば、この殉教者の側に立つ者は殉教させた者を処断できる。と同時にその者は自己を殉教者と同定するから、殉教者を賛美する限り、その者は何をしても許される絶対者になり得る。

いわば「十字架のキリスト」の像を掲げてその側に立つ者を、キリストと同じように殉教させることはできなくなるのであり、こうなるとその者は「神に等しい権限」をもってしまう。

西欧はこの伝統に苦しめられたから、それにどのように対抗するか知っている。だが日本にはその伝統がほとんどないので、対抗の方法がない。

「狸祭り事件」を大きく取りあげたもう一つの理由はここにある。聖教新聞（昭和二十七年五月十日）にはこの事件の「発端」として「昨年五月三日常泉寺《じょうせんじ》の会長推戴式《すいたいしき》において戸田会長及び柏原理事より戦時中『神本仏迹論《しんぽんぶっしゃくろん》』（注：神が主で仏が従うという論。本書46ページ参照）という学説を作って時の管長上人を悩まし当局による学会大弾圧の発端をなした小笠原慈聞という邪僧が今以て宗門に籍をおいている、という事である。今学会は全国大折伏に死身になって起《た》ったのである。どうか御本山においてもかかる徒輩《とはい》が再び内部をかきみだす事無く、真に学会の前途を理解され護って頂《いただ》き度《た》いと望む所であります」といったと記されている。

さらに「不敬罪で告訴状／弾圧投獄の発端／合同問題にからみ／牧口先生を殺したという意味は」という記事もあり、さらに彼を裸にし、牧口前会長の墓前に土下座させて謝罪状を書かせている写真、青年たちにかつがれている写真などがあり、それぞれに説明がある。

いわば牧口初代会長は教義を絶対化した殉教者であり、一方、小笠原慈聞師は教義を曲げて牧口氏を殉教させた犯人である。したがってこれを〝総括〟した者は殉教者の側に立っており、戸田会長も投獄されていたのだから、「詫び状」にもこの点では妥協はなく、本山もまたこれを如何《いかん》ともしがたいのである。

これが殉教者自己同定である。いわば「再び会長を殉教させるな」という形でその側に立ち、同時に慈聞師が誤りを認めた以上、もはや絶対であってこれに抵抗するものは、慈聞師と同類の謗法の神本仏迹論者とされて〝総括〟されてしまう。

さらにこれによって自己の正当性が証明されたことにより、自分は教義の体現者となり、その教義が絶対化される世界では絶対権を行使し得るのである。

「現世利益」を保証する救世主

このことは、宗教やイデオロギーが絶対視される社会にしばしば起こり、この際の絶対主義は虚無主義と裏腹の関係になる。

簡単に図式化すれば、「マルクス主義は絶対である。そのマルクス主義の正当な継承者のスターリンは絶対である。したがってスターリンの命令は絶対であって、同時にスターリンを守るためにはすべてが許される」という形であり、その前には法も社会通念も無視され、これを否定する者は粛清《しゅくせい》されてしまう。同じように慈聞師にはいくら暴力を振るっても、裸にして土下座させても許されることになるのである。

そしてこれが拡大化していけば、本仏論まで行きつくであろう。いわば「日蓮は絶対であり、その日蓮を絶対としている私は絶対である」となり、「私の言葉は学会では憲法になってしまうのです」であって、同時にそれは「本仏および生ける憲法絶対護持」となり、池田氏を守るためには一切が許されて当然なのである。

そうなると、そのためには法を破ってもよいし、盗聴してもよいし、替玉投票をしてもよいことになる。そしてこれが、教義を絶対化し、それゆえに殉教者を生ずる社会にしばしば起こる現象であって、そのようになったのは何も創価学会だけではなく、絶対主義がしばしば虚無主義的ともいえる無規範状態に陥《おちい》るのはこの故《ゆえ》である。

そしてそれが、戦後的アノミーにうまくマッチしていったわけであろう。そしてこの無原則は一面から見れば「無限抱擁型」のようにも見える点もあり、同時に、あらゆる思想・法・組織を越えて「アメとムチ」だけで脈を広げていき、まるで「角影」のように「作影」を機能さすこともできるわけである。

さらに「御利益」と「革命」という、一種の二重教義である。いわばその運動をすれば各人に御利益があり、同時にそれを進めていけば究極的には「王仏冥合《おうぶつみょうごう》（注：王法と仏法が合一する）の実現」があり、「国立戒壇建立」があり、一切の邪法が滅び、正法のみの世の中になって幸福な社会が来るのだから、これくらい結構なことはない。

「革命」という言葉は、その意味内容が明白でなくても、戦後においては目指すべき目標とされた。したがって、「革命」を呼号することは「うしろめたさ」を感じないですむことでもあった。

しかし、現実に革命運動に挺身《ていしん》すれば、それは「御利益」を保証してくれず、少なくとも革命成就《じょうじゅ》までは苦しい献身的な日々を送らねばならぬことは通念となっていた。

その現実の苦しさ、乃至《ないし》は苦しさへの予測は、現実のさまざまな革命運動に足を踏み入れるのを躊躇《ちゅうちょ》させた。そして現実に人びとが望んだのは「現世利益」である。

だが創価学会に入れば、現実に「現世利益」が獲得できて、しかもその究極に革命があり、現世利益の追求がそのまま革命への道なのである。

もしこれが可能なら、これほど安易な道はないであろう。というのは、たとえ革命が成就しなくても現世利益はあるのだから――こういう方法を本当に発見した人がいたら、それこそマルクスにまさる大天才であろう。いや、たとえ発見しなくても、「人びとが無関係と思っている二つの言葉を結びつけて新しい世界を開くもの」が天才だといわれるから、この意味では「革命と御利益」を結びつけた池田氏はやはり天才なのであろう。

そしてこの天才が「創価学会」と新しい世界を公称一千万人の人の前に開いたわけである。

それは「現世利益」を保証してくれる「脱苦与楽」の救世主、「池田大作スーパースター」なのである。氏はしばしば「私が福運をつけてあげる」という。こういう言葉も行為も仏教にはないそうだが、仏典を池田流に解釈すれば、「在家も供養を受けられる」ように存在するのであろう。

だがこのことは、池田本仏が「現世利益」の体現者であらねばならぬことを意味する。「福運をつけてあげる」という人が凶運《きょううん》に陥ることはあり得ない。もしそうなれば現世利益の追求者は創価学会を見放してしまう。

これは「創価学会に入れば運が開ける、脱会すれば不幸になる」という「現世応報」の世俗教の当然の帰結である。こうなればその幹部は、法を越え、教義を越えて、あらゆる方法で池田氏の利益を守らねばならない。

そのためには社会のあらゆる面へ、法も組織も教義も越えて人脈を形成し、それを通じて影響力を行使しなければならず、そのときの論理は当然に「アメとムチ」になり、それによって「作影」で直接・間接に社会に影響を与えてゆかねばならない。この点は「角影」と同じである。

造反者を葬り去るために

創価学会幹部の最初の造反者が元弁護士と元教学部長であったことは興味深い。

法的問題は法廷で明らかになっていくと思うので除外し、ここで教義的問題を取りあげれば、原島嵩元教学部長の造反離脱は私にも理解できる。というのは、上記のような形になれば、実質的には池田氏の意向が「教義」なのだが、教学部長はこれを何とか仏典に結びつけ、教義的問題が起こらぬようにしなければならぬわけである。それは法における山崎弁護士と同じ立場になる。

会館を寺院化し、信徒と寺とを分断して、会館もまた供養を受けられるようにしたい。これが池田氏の意向であったことは、さまざまな資料から明白である。

そこで「在家も供養を受けられる」が必要になり、この必要に応じて維摩詰経への新しい解釈が必要となってくる——「真に仏教流布に挺身し、民衆救済に進むものには、供養を受ける資格があるとの思想が、底流にある……」と。これをするのが原島氏の任務だったのであろう。

だがこれは、その人が真の日蓮正宗の信徒なら耐えられぬことであろう。というのはこうなれば宗教は絶対でなく、教義も絶対でなく、池田氏の意向すなわち学会の利害が絶対になってしまう。それをしつつ教義を絶対とすれば、いつかはその矛盾《むじゅん》に耐えられなくなって不思議ではない。これは法律でも同じであろう。

だが創価学会はこの二人を絶対に許さないであろう。というのは「御利益とばち」を絶対化すれば、「脱会した者」や「福運をつけてくださる方」への造反者は、凶運の下に亡び去らねばば論理が合わないからである。

二人を葬り去るために創価学会は手段を選ばないであろう。「利害」という、元来は規範でない世俗の相対的関係を宗教的に絶対化すれば、そうなって不思議ではない。

そこに、人びとが何となく感ずる創価学会の薄気味悪さと戦後の頽廃《たいはい》があるわけである。

第二章　創価学会症候群の本質をつく

戦後社会症候群

愚の極、悪事の極

「余《よ》に一つ耐えられない事がある。その事は人が他の人をおのれの宗教に引入れんとする事である。余は大抵の事には耐えられると思うが……、しかしながらこの事には耐えられない。余はその人の奉ずる宗教が何であろうが、その事を問わない。しかしながらいずれの宗教にしても、人をおのれの宗教に引入れんとする事は余の耐えられないところである。

……信仰自由は人の有する最も貴重なる権利である。この権利に較べて見て財産所有の権利のごときは実に軽いものである。

余はもし人ありて余の所有の物を奪うことありとするも余は彼を赦《ゆる》すことが出来る。あるいは余の名誉を傷《きずつ》くる者ありとするも余は差程《さほど》にその事を心に留めない。しかしながら余の信仰自由を少しなりと侵《おか》す者があれば、余はその者に向って余の大なる聖憤《せいふん》を発せざるを得ない。

彼なる者は朽《く》ちるこの世の物を奪わんとするに過ぎない。しかるに此《こ》れなる者は朽ちざる霊魂を奪わんとする。宗教勧誘は詐欺窃盗に勝るの罪である。

しこうしてかかる罪人は世に少ないかというに決してそうではない。余輩《よはい》（汗：私）の見るところをもってすれば宗教家という宗教家は大抵はこの種の罪人である。

彼らは人をおのれの宗教に引入れる事は悪い事であるということを知らないのみならず、かえってこの事を善き事であると思うて居る。善き事であると思うに止まらない、彼らの信ずる神や仏の最も喜び給う事であると思うて居る。……伝道は彼らにとり信者の取合《とりあい》である。多く信者を作る事、その事が伝道の成功である。……しかしながらこれ、真理を愛する者の決して為《な》すべからざる事である……。

しかれば、われはわが宗教を人に対して語るべからずであると言うかというに、そうではない。わが宗教を語るべき時と場合とがある。その時にはわれは何の憚《はば》かるところなく大胆にこれを語るべきである。

㈠人がわれにわが信仰の理由を糾《ただ》す時にわれは臆憚《おくたん》なくこれを語るべきである。……

㈡われと信仰を同じうする人の前にこれを語るべきである。……

㈢われはまた時にはわが信仰を公《おおや》けにする。これわれの有する言論の自由によるのである。

他人をわが信仰に引入れんがためではない。われの信仰の何たるかを世に知らしめ、その是非《ぜひ》を公論に訴え、些少《いささ》かなりとも真理の発展に貢献せんがためである。しこうして真理は自証する者であるといえば、われはしいてその採用を人に迫るべきではない。……

しこうして以上の場合においてわが信仰を人に語るの結果、ある者がみずから進んでわれと信仰を共にするに至らば、われはあえてこれを拒《こば》まず。喜んで彼をわれに迎うるであろう。しかれどもわれはその時までは些少《すこし》たりとも彼に圧迫を加えてはならない。権力をもってせざるはもちろん、利益をもってしても、議論をもってしても、はたまた無益の能弁と思弁をもってしても彼をわれに誘うてはならない。

われの勉《つと》むべきことは、彼のわがごとく成《な》らんことにあらずして、むしろわれのごとくならざらんことである。世に嫌うべき者にして画一《ユニフォーミチー》のごときはない。……もし人がことごとくわがごとく成り、わが宗教を信じわが主義を奉じたらばいかん。その時はわれはこの世に厭《あき》はてて一日も早くこれを去らんことを願うであろう。

……いわゆる法幢《ほうどう》（注：宝の玉で飾った旗）を掲げて他宗を説伏すると称するがごときは愚の極、不法の極、悪事の極と称せざるを得ない」

だいぶ長々と引用した。あるいはこれを、「少々文章は古くさいが、誰かの創価学会批判の引用だ」と思った人もいるかもしれない。

　前にある会合で表現を現代的に改めて「実験」をしてみたところ、その場にいたすべての人が「創価学会批判」と思ったからである。しかしこれは創価学会がこの世に出現するはるか以前、明治四十二年（一九〇九年）に、『余の耐えられぬ事』と題して内村鑑三《うちむらかんぞう》が彼の主宰する雑誌「聖書之《の》研究」に記《しる》した一文である（注：著者編『内村鑑三文明評論集』で、講談社学術文庫編集部が新漢字・新かなづかいに改めたものを引用）。

　そしてこれを読むと、この時代にも「法幢を掲げて他宗を説伏する」という「折伏《しゃくぶく》的行為」があり、内村がそれに憤慨していることがわかる。もっとも内村の、「強談《ごうだん》威迫的画一化的伝道への嫌悪《けんお》」は単に「法幢を掲げて……」の場合だけではなくあらゆる方向に向けられ、外人宣教師も教育勅語《ちょくご》絶対的な国粋主義者も、容赦しなかった。

　これがあるいは「教会荒し」「羊の皮をかぶった狼《おおかみ》」などといわれ、また一方では「不敬《ふけい》虔《けん》」「国賊」「非国民」といわれた理由であろう。同時にこれが、表現さえ改めればそのまま「創価学会批判」と誤認されるということは、明治四十二年も現代も、ここで批判されている面では変化がないということであろう。

　否《いな》、この問題はさらに深刻化し拡大化しているといってよい。というのは、内村の時代にはこの問題は、大きな社会問題化となっていないが、現在ではそうはいえない。この点、日本のある種の精神的傾向は「戦争・敗戦・戦後民主主義」という変化に関係なく、深刻化・拡大化しているといえる。

「戦後民主主義社会の模範生」

それは何であろうか。またなぜ拡大するのであろうか。新聞のいわゆる「創価学会問題」なるものを「創価学会症候群」といった人があるが、その人の指摘を聞いていくと、それはある意味では「戦後民主主義社会症候群」であり、その基本である「創価学会的発想」は大新聞の基本的発想と変わらないことに気づくのである。

「戦後急速に伸びたものは全国紙と創価学会」といった人がいるが、「なるほど」と思われる節があるほど、双方の発想や行動の型はよく似ている。

まず㈠創価学会というと何やら「異常者集団」のように見る人がいるがこれは間違いで、この人びとは戦後イデオロギーともいうべきものの、最も真摯《しんし》な信徒であり実行者であって、その意味では「戦後社会の模範生」なのである。

このことは決して忘れるべきではない。その基本はまず「善意は絶対」なのである。新聞も常々「善意が通らないのは社会が悪い」といっているのだから、人を幸福にしようという善意のかたまり集団の「折伏大行進」は批難すべきではないであろう。

というのは、たとえば貧困と病苦に打ちひしがれた不幸な人がいるとする。その人が不幸なのは邪宗を信じているがゆえであって、正宗を信じればたちまち御利益《ごりやく》があり福運がついてその人が幸福になる。そこでその人を助けようという善意から折伏に行くのだから、その行為はその人への「抜苦与楽」であり、このために押しかけても座りこんでもそれをおこなうのが善意でなくて何であろう。

「善意が通らない」のは、邪宗におかされている「社会が悪い」のであり、これを一掃して正法のみの世になれば日本全部に御利益があり、さらに世界中に広宣流布《こうせんるふ》すれば世界全部に御利益があってすべての人が不幸から免れるのだから、これ以上ありがたいことはない。したがって折伏を否定し広宣流布を妨害し阻害する者は「社会悪」であり、その「社会悪」を存在させている「諸悪の根源」は邪宗なのであるから、これらの悪を一掃することは当然なのである。

一体どこが悪いのだろう。「善意が通らないのは社会が悪い」と新聞も常々主張しているではないか。

さらに(二)その折伏という方法はあくまでも「話し合い」である。相手が納得するまで何十時間、何百時間と、何十人で押しかけていっても、「話し合い」である以上、これは否定されてはならない。新聞も常々「話し合いは絶対」を主張しており、その結果は超法規的拘束力をもつと堂々と主張しているのだから、法律は無視してよい。

成田でも新聞は「政府は農民と話し合え」といったし、「ハイジャック犯とも話し合え」である。話し合いの結果は超法規的に政府をも拘束し、理由なく既決囚も釈放する。まことに大津《おおつ》事件（注：一八九一年、訪日中のロシア皇太子暗殺未遂事件）の児島惟謙《こじまこれかた》（注：大津事件の大審院長として、司法権の独立を守る）が聞いたら腰を抜かしそうなことが堂々と実行されている。したがって創価学会員が折伏において「超法規的」であっても、これは相手を幸福にするため「善意」でやっているのだから、これを云々《うんぬん》するのはおかしいことになる。

さらに、「大学紛争」のときは、「相手の真剣な訴えに正しく対応しない教授が悪い」と主張したのだから、それ以上に真剣に折伏している相手の言葉に正しく対応せず、折伏されないほうが悪いのである。創価学会員は少しも悪くない。

㈢少しも悪くないのだから、批判などに一切耳を傾ける必要はない。大体「善意をもって人を幸福にしようとしている者」を批判などする者のほうがおかしい。新聞だって絶対に批判を受けつけないではないか。

折伏を問題視する者がいるが、新聞の拡販員のほうがはるかにしつこい。さらに彼らの〝拡販広宣流布〟は利益をあげるためにやっているのだが、自分たちは、善意からやっているのであって、本質的に違う。

その者への批判さえ新聞は受けつけないのだから、自分たちも受けつける必要はないし、第一批判を受ける理由がない。

この反論はまだまだ続けられるが、ここまででも戦後イデオロギーはこれに反論するすべをもたないであろう。というのは、戦後は以上に代表されるような発想の基本を「民主主義」と考え、これを絶対化したからである。

したがって創価学会員は戦後イデオロギー、すなわち「新聞民主主義」とでもいうべきものの模範生であって当然であり、これは皮肉でも何でもない。そこで「反論」は一応打ち切って、以上の発想の基本にあるものを見直してみよう。

「念力主義」が生きている

次は小室直樹《こむろなおき》氏の『新戦争論』（光文社）の中の「平和主義者《パシフィスト》」批判の一節だが、創価学会と新聞の以上の発想とその「お題目主義」――「お題目主義」や「念仏主義」はもちろん新聞にもあり、社説を「念仏社説」と評した人もいる――を念頭に置いて読んでいただきたい。

そうすれば「創価学会的発想」は決して創価学会独特のものでなく、戦後の一般的発想の一類型にすぎず、創価学会症候群といわれるものが実は「戦後社会症候群」の一表現にすぎないことが明らかになるであろう。

「『社会は個人の算術的合計ではない』ということは、デュルケム以来、じつに社会学の基本的命題の一つである。一般の常識とは少しちがっているので、ここで説明しよう。『ひとりひとりの個人がよい人になれば、社会もよい社会になる』『国民のひとりひとりが富むことが、国が富むことである』……というような、個人に関して成立する命題が社会（国家）全体に関しても成立するという考え方を、個人と社会との並行主義《パラレリズム》という。

このパラレリズムを平和についての命題としてあらわせば、『国民のひとりひとりが平和をねがえば、国家も平和をねがうことになり、国際社会も平和をねがうようになる』ということになり、さらにこのパラレリズムが、『ねがうことはかなえらるることなり』式の念力主義（次節で説明する）に結びつくと、ひとりひとりが平和をねがえば、世界に平和がもたらされることになる。

そして、この命題を逆にとれば、世界に平和がもたらされないとすれば、国民の中に平和をねがわない者がいるからだ、ということにならざるをえない。したがって、彼こそ平和の攪乱者《かくらんしゃ》として、まことにけしからん者だ、ということにならざるをえなくなる」

これが戦後にさまざまな「魔女狩り」がおこなわれた理由であろう。そして創価学会はまさに「個人の御利益の総計は社会（国家）の御利益で、その総計はまた全地球の御利益」と信じて疑わないわけで、これが『人間革命』すなわち「御利益の先に革命が成就《じょうじゅ》して王仏冥《おうぶつみょう》合《ごう》の理想社会が来る」となって、まさに典型的な個人と社会との並行主義《パラレリズム》なのである。

これが正しければ、そのための手段はすべて許され、それを許されないとする者は、小室氏の表現を借りれば「御利益の攪乱者、世の幸福を阻害するまことにけしからん者、排除すべき邪法の徒」となるから、そうなると法も教義もまた思想・信仰の自由も無視してよいことになる。

では、はたしてこの並行主義《パラレリズム》は成り立つのであろうか。

「もちろん、この論理は、パラレリズムと念力主義と二つの前提が成り立ってはじめて、成立するものである。まず、個人と社会とのパラレリズムは、はたして成立するものであろうか。これを真っ向から否定したところに、社会学の始祖デュルケムの面目があるのであるが、経済学者はすでに早くからパラレリズムはかならずしも成立しないことに気づいていた。マンデヴィル（注：『蜂の寓話』で有名な思想家）は、『個人の悪徳は全体の美徳である』と言い、ケインズは『個人を富ます貯蓄は社会全体を貧しくする』ことを強調した」

いわば個人の私的利欲の追求は、社会全体のことなどまったく考えていないのに、市場機構における予定調和の鉄則が機能して結果において最大多数の最大幸福という「社会的美徳」が達成される、これが「マンデヴィルの背理」である。これには念力主義などというものは存在しない。ところが、「ねがうことはかなえらるることとなり」となると、念力主義にならざるを得ない。

「念力主義について検討してみよう。念力主義とは、つまり『のぞむことはかなえらるることとなり』という、アラビアンナイトのできそこないのような考え方である。こんな考え方を自然現象やその他の社会現象の説明に用いたならば、正気を疑われかねない。このような奇怪な論理が平和に関してのみ通用しているということは、思えば不思議千万である」

こう小室氏は記しているが、この「平和に関してのみ」は少々誤解であろう。というのはここに「お題目」を入れてもよいからである。

「平和！」「平和！」と百万遍となえれば平和が来ると信ずることと、お題目を百万遍あげて願えば何ごとも成就するという考え方は同じであると言わねばならない。

そして日本には実に平安朝の昔から一種の「念力主義」があり、これが戦後に〝科学的〟に出てきたのが念力ブームの「スプーン曲げ」という奇現象であったから、「平和」というお題目をあげていれば平和が来るという念力主義的並行《へいこう》主義者が日本にあって少しも不思議ではない——というより、小室氏の批判するように、これは新聞を中心とした戦後平和論のむしろ主流なのである。

御利益とバチ

創価学会の思想と行動は、この点では「戦後的模範生」のそれだといえる。すなわち「個人の御利益」の算術的総計が理想的社会の招来であるという並行主義《パラレリズム》を少しも疑っていないし、その「個人の御利益」の基本は「お題目」をあげるという念力主義に基づくことも少しも疑っていない。

いわばこの信仰に支えられた集団だから、それはまさに典型的な「戦後新聞民主主義」の発想なのである。そして池田大作《いけだだいさく》氏はこの個人・社会パラレリズムと念力主義を心底から信じ、それが「信念の魔術」となって一種のカリスマ性をもつに至っている。

しかし「民主制《デモクラシー》」とは元来は念力主義を信ぜず、個人・社会のパラレリズムを信じないがゆえに要請された制度であるから、この「戦後新聞民主主義」なるものが「民主制《デモクラシー》」の基本にかかわる問題を次々と提起してきて当然であろう。それが集約的にあらわれて来ているのが「創価学会症候群」であり、それがそのまま「戦後社会症候群」なる理由である。

なぜそうなるのであろうか。理由は簡単である。以上の点から見ても、創価学会員も戦後新聞民主主義者も「背理《パラドクス》」の存在を認めないから、その象徴である集団がそのまま社会に背理として作用するというだけのことである。これはそうなって当然であり、このことは本人の「善意」とは関係がない。

このことが最も端的に出てくるのが、「折伏」と「御利益とバチ」であり、この背理は実に単純に出てくる。

私の社（注：山本書店）のSさんは、かつて、ある座談会に招かれた。何気なく出席してラーメンを御馳走になった。その瞬間に始まるのが「集団折伏」である。Sさんははっきり拒否して座を立った。

そのとき全員一斉に「おまえのようなやつは、交通事故に遭《あ》って死んじまえ」といわれたそうである。「たかがラーメン一杯で、あんなことといわれちゃたまりませんよね」とSさんは笑いながらいったが、これは創価学会に拒否反応を示す多くの人の体験であろう。

ところが皮肉なことにその後Sさんは交通事故に遭って入院しているのである。もっともアパートも変わってしまったし、その後に連絡がなかったから別に何ということもなかったが、もし同じアパートにいてこのことを創価学会員が知ったら、「だから言わんこっちゃない」と再折伏のため病床《びょうしょう》に押しかけるか、少なくとも正法を拒否して邪宗に留まった者が当然に受けた「バチ」として、一種の「反面教師」の例証としては使われたであろう。

こうなると、創価学会員には不幸はないということになる。

ではもし創価学会員が不幸に遭ったらどうなるか。「御利益とバチ」という応報の論理を絶対化すればそれはあり得ないことであり、もしあれば、その者が密《ひそ》かに「謗法《ほうぼう》の罪」をおかしていたはずである。

「背理」はないのだから、そう考えねば論理に合わない。最高裁の逆転判決で話題となった隈部《くまべ》大蔵《たいぞう》氏（注：「月刊ペン」編集長。一九七六年に創価学会批判を特集し、池田大作会長の女性問題に触れ、名誉毀損罪に問われる）は、岩田創《いわたつくる》氏の次のような興味深い文章を「月刊ペン」に載せている。

この「応報の絶対化」が、どのような結論にならざるを得ないか。たいへんにおもしろい例なので次に引用させていただく。

会員の被害者を悪しざまにしてまでも

「常磐線《じょうばん》綾瀬《あやせ》駅近くで進められていた地下鉄工事現場近くの、青々とのびた雑草の中で、全身黒こげになった女性の死体が発見されたのは、四十三年七月十三日の昼下りだった。

身元は近くに散乱していた所持品などから〝台東区小島のモーター会社事務員〟伊藤くみ

子（二十六歳）で、前夜会社の残業を終え、足立区東綾瀬の自宅に帰るため九時ごろ常磐線綾瀬駅で下車、人通りはないが夏の宵《よい》のことでもあり、平素通いなれた近道でもある。工事現場近くを通り過ぎて間もなく、近くに住む若い男に行きあったことまでわかった。

そして翌日発見された時は全身ほとんど黒焦げの死体だったことから、途中で犯されたうえ、犯行をくらますためガソリンをかけ放火したもの、と状況判断された。それはまさに酷《ひど》いの一言につきる鬼畜《きちく》の犯行だった。

被害者の彼女は、創価学会地区組織女子部の幹部の一人でもあり、学会独特の朝夕本尊に向かって読経《どきょう》、題目を唱《とな》える勤行《ごんぎょう》もかつて欠かしたことのない真面目な信者であった。学会の会合にも必ずといっていいほど出席を欠かさず、選挙にも公明党候補のため時間をさいて飛び回り、熱心に応援もし、折伏活動でも成績を伸ばしていたのは、彼女の所属する学会組織関係者のだれもが知っていることだった。それだけに彼女の死に同情が寄せられた。

ところが、工事現場近くで彼女に行き会った近くに住む若い男も学会員の一人だった。時間の関係や足取り、被害者との識カンなど、点と点の一つ一つを結び合わせると、彼女を最後に目撃した人物だから、重要参考人、または、有力容疑者の一人ともいえる立場になる。そうしたことから逮捕されたのが、このただ一人の有力容疑者のXだった。

だが彼は、事件と結びつく最短距離にありながら、決定的な〝決め手〟がない。もちろん、あらゆる裏づけ捜査が行なわれたが、証拠不充分（？）でやがて釈放され、事件はついにお宮入りになってしまった。ここでまた創価学会が登場する。

彼女が所属していた地区組織の、彼女を知る仲間たちは、つねに本尊を信じ、その偉大な功徳《くどく》に守られていると思っていたにもかかわらず、突然こうした無惨の結果に見舞われた。そのことから〝あれだけ熱心だったのに本尊の守りがなかったのだろうか？〟〝功徳があるのなら、彼女にそうした不幸など起こるはずはない〟という囁《ささや》きも出てきたのは当然であろう。

するとその半面〝かりにも本尊を疑うことは本尊を誹謗《ひぼう》することである〟と、平素説かれてきたのを持ち出す者もあれば、〝どんなことがあっても学会の批判はやめよう〟という意見も出て、問題解明は少しも前進しない。

その動きが学会本部にどう伝わったかは定かではないが、それに対する見解とも思えるものが届いた、ということだった。その要旨は『被害者の彼女は実際に真面目な学会員であったが、彼女が小学生だったころ、学会の信心に反対して本尊を燃やしたことがある。今回のことはその時の罰が現われたもので、彼女が本尊を燃やしたとき、本尊はどんなに熱く苦しかったことか。それと同様の熱さ、苦しさを味わって彼女は死んだわけで、本尊の力の偉大さを如実《にょじつ》に見せつけられた出来事で、会員は本尊に不敬することなく信心一途に励むよう……』

というものだったという。

日頃学会が説いている日蓮正宗《にちれんしょうしゅう》の本尊は〝どんなことも願いとして叶《かな》わざることなし〟という偉大な法力を持ち、これを信じて朝夕勤行し、学会の組織活動を真面目に行なえば、その功徳は量り知れないもの、と教えているのは周知の事実である。(すなわちこれが『念力主義』)

学会はこれを〝変毒為薬《へんどくいやく》〟つまり毒が薬になるといい、またたとえ、自分に不利な事態が発現しても、必ず信心の功徳によって重い災《わざわい》を受けるはずのものが軽い災いですむと〝転重軽受〟と教えている。それならば真面目に熱心に信心し、折伏活動にも成果をあげてきた彼女のことである。深いことのわからない子供のころ、仮に本尊のお札を燃やしたにせよ、重い災難を受けるべきところを、何故入信に免じ、功徳により軽い災難ですませてはくれなかったのだろうか。

これは、おそらく誰もが感じるきわめて素朴な疑問に違いない。だが、学会は、そう思うこと自体が、すでに本尊の誹謗であり、学会批判であるとでもいうのだろうか？　一般社会の通念や常識がそうした見解や主張の罷《まか》り通るのを許すとはどうしても思えない。

仮にそれが罷り通り、学会員がそれに感嘆して、さすが日蓮正宗・創価学会の本尊はすごい力があると、さらに一段と声高々に題目を唱え、本尊の前に手を合わせるとしたら、学会という存在は、もはや遠く遥《はる》かな次元の違う世界、あるいは狂人の世界というより他にいいようがなくなってくる。

彼女の母親の証言として、『彼女は小学生の頃は、家庭の事情から両親と離れて祖父の手元で育てられた。祖父のところは日蓮正宗とも学会とも何の関係もないので、本尊を見たことも手にしたこともない。それが本尊を燃やしたというのはどう考えても納得できない。成人してから自ら進んで学会に入り、一生懸命信心していたものがあのような目にあった。これは仲間の人々が信心に疑問を持ったのをなだめるため、本尊を燃やしたことがあったからなどと、学会が会員である被害者の娘を責めるようでは娘も浮かばれずかわいそうでならない』と唇をかんだともいわれている」（注：以上、岩田氏の文章）

これは昭和四十三年（一九六八年）のお話だが、この「御利益・バチの応報の論理」の絶対化と念力主義は今も変わりがないことを最近の例も示している。

ある雑誌の記事によると、名古屋で誘拐されて殺害され、遺体を木曽川に投棄された不幸な若い女性がいるが、学会はそれも「バチ」だといっているそうである。彼女の母親は学会員だったが、父親がこれに反対で御本尊を川に流したので、このようなことになったということが、「口コミ」で執拗《しつよう》に創価学会員に流されているという。

いわば、御本尊を焼いたが故に自らも殺されて焼かれ、御本尊を川に流したがゆえにその娘が殺されて川に流されたという論理だが、その「焼いた・流した」がはたして事実なのか否《いな》か私は知らない。

しかし、「御利益・バチ」とその応報という論理をつめていけば、こうでないかぎり理屈に合わないのである。いわば創価学会員には「御利益」だけあって不幸などはあるはずがないから、もしあればそれは「隠された謗法《ほうぼう》=罪」があるはずなのである。

破綻のない論理

詭弁的な「論法」

こういう発想は日本の伝統的な宗教感情にはない。昔ならそれは「前世の因果」で本人の責任ではないとされた。しかし教義が絶対化され、その教義に従えば現世で救済があり、それに従わねば呪《のろ》いがあるとするなら、「応報の絶対化」が生ずるのは論理的必然であり、それは否応なく「不幸な者には隠された罪があるはずだ」ということになる。

これは旧約聖書のような教義を絶対化した宗教から当然に出てくる発想で、そこでこの「応報の論理」を決定的に否定する「神義論」が同じ旧約聖書に出てくる。その典型的なものは『ヨブ記』であって、ここで「義人《ぎじん》（注：神との関係において義《ただ》しい人）の苦難」という「背理」が最も尖鋭化《せんえいか》した形で取りあげられている。

そしてその論争の発端はまさに、「考えてみよ、誰が罪のないのに、滅ぼされた者があるか。どこに正しい者で、断ち滅ぼされた者があるか」で始まり、この言葉への「苦難の義人ヨブ」の反論が延々と続くのである。

この「背理の書」についていま記す気はないが、『空気の研究』でも記したように、戦後社会のテーゼとされている「正義が必ず勝つ」とか「正直者がバカを見ない社会であらねばならぬ」といった発想は、背理として作用すれば前記の例に見るような恐ろしい状態を招来する。

すなわち、創価学会という、それがその内部では実現していると信じられている世界では、「負けた者は不義であり」「バカを見た者は不正直ものである」ことになり、不幸に遭った者は「隠された謗法＝罪」があるはずになってしまうのである。

だが、この「創価学会的論理」には破綻《はたん》はあり得ない。またこのような不幸に遭わない場合の、「いくらお題目をあげても一向に御利益はありません」という言葉にも、同じように対応すればやはり破綻はあり得ない。

それは、「週刊朝日」でも取りあげたが、大宅《おおや》壮一《そういち》が記した戸田前会長と信徒との問答にあらわれている。次に引用しよう（注：「宗教を罵《ののし》る」から。本書168ページ参照）。

「**問**　子供が精神分裂症なのですが、親が信心すればなおりますか。

答　なおる。きっとなおります。気ながにやんなさい。

問　わたしの右の目がかすかにしか見えなくなったので、明日までに絶対に治して帰ると妻子に断言して出てきたのですが、治していただけますか。

答　あんたの考えはゴロツキである。ご本尊さまにご奉公したことがあるか、東大附属病院ですら治らぬ重病をご本尊で治せるだけ信心をしたか、一千人を折伏《しゃくぶく》したか、支部をどこまで盛りあげたか、よく反省しなさい。

ざっとこういった調子である。会長の言葉は無造作《むぞうさ》で、明らかに酔っているのだが、きいている方は大喜びで、彼の言葉が終わるごとに、どっと歓声があがるのだ」

この「論理」は絶対に破綻を来たさない。というのは俗にいう詭弁《きべん》の原則そのままだからである。たとえば「信心すれば必ずなおる」というように、「獣は蹄《ひづめ》が割れているほど速く走る」という命題を立ててみよう。誰かが「いやそんなことはない、競馬うまは蹄が割れていないが速く走り、牛は蹄が割れているが、のそのそとしか動けない」と反論すれば、次のようにいえばよい。

「いや、それは間違いだ。馬の蹄がもし割れていればさらに速く疾風《しっぷう》のように走るし、牛の蹄がもし割れてなければもっとのろのろしてしまう」と。

同じことで「創価学会に入らなくてもAさんは十分すぎるほど現世利益を受けているし、Bさんは朝夕熱心にお題目をあげているがいつまでもうだつがあがらないではないか」といわれれば、次のようにいえばよい。

「Aさんが入会すればさらにあの五倍、十倍と御利益を受けられる。Bさんがもし朝夕お題目をあげていなければ、今ごろは飢え死にしている」と。病気がなおらなければ「まだ信心が足りない」のであり、信心なしで病気がなおれば「信心していればはじめから病気などならなかった」といえばよいわけで、この詭弁的「論法」には絶対に破綻がないのである。

「三つの壁」の切り崩し

「破綻なき論理」には批判は不可能だし、第一そんなものを受けつけるわけがない。そしてその上で、「御利益とバチ」の応報の論理と「お題目念力主義」に基づき「個人・社会のパラレリズム」を信ずれば、一切の逆理はなくなるから、天下無敵である。

そして個人的利益すなわち「私」の絶対化、その「私」の算術的総計が国家（社会）、それをつなぐ「平和念力主義」と「個人・社会のパラレリズム」は日本の大新聞のテーゼ、すなわち戦後新聞民主主義なるもののテーゼだから、創価学会員が公称わずか一千万はむしろ少なすぎるのである。さらに勇を鼓《こ》して第二次折伏大行進をしても大丈夫、以上の「論理」に対抗できる「邪宗」は、戦後には、少数者を除けば原則としていないから――。

大新聞が創価学会を批判しないのはなぜか、といったところ、私の友人はいった。「当然じゃないですか。あれは準赤旗、準聖教新聞ですから、この二つを批判するはずはありませんよ」と。したがって創価学会は天下無敵である。そしてこれをはばむ「邪宗」は日本に三つしかない。「週刊朝日」の「本誌独占・池田大作名誉会長初めて創価学会問題に答える」を読むと、おそらく池田氏の要請ではずした問題、巧《たく》みにごまかした問題、返答を拒否した問題がそれぞれ一つずつ、都合三つある。

第一は「隈部裁判問題」（＝法律）、第二は一悪徳弁護士のマッチポンプという形で巧みに返答を拒否した――これがそうではないことは前回（注：第一章）記したが――「本山との問題」（＝教義）、次が返答を拒否したもの「創共協定」（＝イデオロギーと政治）の三つ（注：「創共協定」については本書146ページ参照）である。

また従来の公式的な「政教分離」を否定したのが「公明党二十年丸がかえ声明」ともいうべき言明である。これで見ると創価学会の三つの壁は、法律・教義・イデオロギーまたは他宗教なのである。したがって創価学会＝戦後新聞民主主義なるものの本質を見るには、この「三つの壁」から見ていけばよい。

と同時に、いま創価学会が全力をあげて切り崩そうとしているのはこの三つであり、それはそうあって当然である。というのは、前述のように創価学会とは「善意のかたまり」なのであり、この「善意」の前に立ちはだかるのが「社会の壁」であって、この「壁」を取り除かねばならぬというのが、個人・社会パラレリズムの立場にたって絶えず繰り返されてきた新聞の主張である。

それならば、この三つを除いて何で悪かろうか。こう創価学会が考えるのが、まさに論理的帰結であろう。そして第二次折伏大行進が始まるとすれば、この三つを除いたその次である。

だがそのことに進む前に、内村がなぜ「法幢《ほうどう》を掲げて他宗を説伏すると称するがごときは愚の極、不法の極、悪事の極」とまで極言したのか、それを考えてみよう。

これでは「折伏」する創価学会は「愚と不法と悪事」の極なる者になってしまう。おそらく彼はここに民主制《デモクラシー》なるもの、日本に於《お》ける最も脆弱《ぜいじゃく》な面を見たのである。

内村は同時代の批判者に「キリスト教徒よりむしろパウロ教徒」といわれるぐらいパウロに心酔し、これを徹底的に読んだ人である。そしてパウロの大きな特徴の一つは「内なる人」と「外なる人」という、それまでにない新しい概念の提唱である。

この言葉は単純に「内的規範と外的規範の峻別《しゅんべつ》」とは受けとれないが、彼の全著書を読めば、その底に、この「二重規範の峻別」という発想があったことは明らかである。

この「内なる人」「外なる人」という言葉は旧約聖書にはなく、またおそらく他にもなく、彼がはじめて提唱した新しい概念であったと思われる。

いわば宗教的信条や教義・主義などは、その人の内的規範である。そして民主制《デモクラシー》は政府はもちろんのこと、なんぴとも外部からこれに干渉することを許さないことを原則としている。それが「思想・信教の自由」であり、これは政府もまた団体も個人も、絶対に他者のそれにタッチしてはならないということである。

と同時に、その人の行為は、その人の内的規範が何であれ、それと関係なく同一の外的規範で律せられねばならない。これが世俗法《シビル・ロー》であり、これはその人の思想、信教に関係なく、平等に、その外的行為のみを規制し、その前には「御本仏」も例外であってはならない。いわば、パウロにおいてはユダヤの宗教法とローマの世俗法とが二重の規範になっており、宗教法と国法とは決して「冥合《みょうごう》」しない。

これは確かに近代的民主制《デモクラシー》の原則であり、したがってこの制度は決して「民主主義」なる主義を、各人に内的規範として押しつけて、内村が何より嫌悪した「国・一社会の画一化《ユニフォーミチー》」を計るわけではない。

もしそれをすれば、それが何によって、またどのような名目によっておこなわれようと民主制《デモクラシー》と思想・信教の自由の終わりである。しかし、個人・社会パラレリズムはこれを認めない。なぜならそれは否応《いやおう》なく、個人の内的規範（教義）と社会の外的規範（法律）とのパラレリズムとなり、「教義（仏法）は究極的に法（国法）にならねばならぬ」となるのが、その当然の論理的帰結だからである。

宗教批判の正攻法的行き方

ここに第一と第二の壁すなわち「法と教義」という問題があり、これからも山崎裁判でその問題点が出てくるであろうが、実はすでに「隈部裁判」で出てきているのである。

この裁判はわれわれ素人から見ると実に不思議な裁判であり、「山崎上申書《じょうしんしょ》」にあるように、もし本当に裁判長と創価学会側弁護士とが予《あらかじ》め談合して第一審の判決を下したのなら――こんなことは誰も信じたくないが、もしこれが事実なら――、児島惟謙以来の司法への信頼は地に堕《お》ちたというべきであろう。

だが「山崎上申書」は後に触れるとして、この裁判の発端となった隈部氏の『創価学会七つの大罪』という連載の内容を検討しよう。

第一審判決には「被告人は過去においても創価学会批判の著書の出版を同会から妨害されたことがあり、これに対する憤激の情があったものと推定される」という一文があり、これは前回（注：第一章）記した文部大臣まで一枚加わった出版妨害事件のことである。

確かに表題見出しは相当「激烈」で、諸所に感情的表現があるとはいえ、これは佐瀬昌三《させしょうぞう》弁護士の最高裁上告の「弁論要旨」にもあるように、決して「スキャンダル文書」ではない。むしろ「教義批判」であり、その全体は四万字、その中でスキャンダルを扱ったのはわずか一千余字である。

佐瀬弁護人は「当最高裁大法廷は、昭和四四年一〇月一五日のいわゆる『サド裁判』において、……『文書の個々の章句の部分の猥《わい》せつ性の有無《うむ》は、その部分だけで独立して判断すべきでなく、文書全体との関連において判断すべきである。したがって特定の章句の部分を取り出し、全体から切り離してその部分だけについて猥せつ性の有無を判断するのは相当でない』と判示し……」という文章があるが、まさにこの通りであろう。

残虐《ざんぎゃく》描写、強姦《ごうかん》描写、兄妹相姦、父娘相姦といった記述は旧約聖書にもある。ではこの部分だけを取り出して、旧約聖書は猥せつ文書だといえるのか。実はこれは戦時中に、軍部か右翼か何かそういった機関の依頼を受けた者がやった手で、『聖書の仮面をあばく』といった本が出たことがあった。

こうなると、「聖書とは残虐・猥せつ文書」「スキャンダル文書」だということになってしまう。同じように、「不幸にして本件一、二審判決は、この判例の主旨に反し……」と上記弁論要旨にあるが、一千字を取りあげて四万字を断定することは、少々無理があるであろう。

確かに相当激越な内容ではあるがその要旨はいわば宗教批判の正攻法的行き方で、「法華《ほけ》経《きょう》にはそんなことは書いていない」「日蓮はそんなことは言っていない」という原典に基づく論証よりする批判なのである。

司法への信頼の危機

教義論争かスキャンダルか

前にある雑誌で「創価学会批判」を頼まれたことがあったが、私はこれをことわった。というのは、私も多少は法華経や日蓮について知っているとはいえ、「日蓮正宗の教義」と「創価学会の教義」と、さらに「正典《カノン》」ともいうべき「法華経と日蓮文書」を三つ並べて「教義批判」をやるなどということは、できないからである。

これでできなければ本当の「宗教批判」にはならない。と同時に、スキャンダルなどはどうでもいいし、答える必要のない批判ならぬ批判なら答える必要もないであろうが、自らの「教義」をもつ教団なら、「正典」に基づくそれへの批判には答えねばならない。そしてそこにはじめて「教義論争」が成立するわけで、これは避け得ないはずである。

というのは、以上のような方法で隈部氏は「創価学会は仏教ではない」と断定しているのだから、これは、「月刊ペン」誌上で徹底的に反論すべきであろう。と同時に、この論争はあくまでも「教義」すなわち「内的規範」の問題だから、法廷はこれに手を貸してはならぬはずである。

　たとえば次のような記述がある。

「……『人間革命』で展開されている学会特有の仏教の教理や、牧口・価値論などは、一から百までインチキで、真正の仏教に反逆し、真正の仏教を冒瀆《ぼうとく》するもの以外のなにものでもない。たとえば、つぎのような内容である。

『今日、仏法が雑乱《ぞうらん》してしまっているのは、釈迦《しゃか》の妙法蓮華経に幻惑《げんわく》されている輩《やから》が、大聖人の南無妙法蓮華経の仏教と混同しているからです。法華経二十八品《ほん》は釈迦の仏法であり、南無妙法蓮華経の仏法は、大聖人の仏法であるということを、深く、はっきりと留意しなければならない。ここが、最も大事な問題のところです』（『人間革命』第一巻二三二ページ）。

『美・利・善の価値体系が、人間の思惟《しい》しうる範囲の、最高極善の価値を理解せしめるものであることは、たしかである。しかし、大御本尊には、人間の思惟をはるかに超えた、無量無辺、無限の仏力、法力があらわれる。南無妙法蓮華経は、価値論のいかんにかかわらず、厳然と実在するのである』（『人間革命』第一巻二九一ページ）。

『障害をこえたあとは、僧俗一体という、平坦で堅い滑走路に入ることができた。創価学会という機体は、全力疾駆で浮上に移っていた。離陸の瞬間である。

戸田は、ひとり手に汗を握っていた。あとは翌（昭和）二十八年への飛翔《ひしょう》を待っているだけである。

彼は今、操縦桿《そうじゅうかん》を握りしめながら、飛翔の体勢に入る瞬間を、またたきもしないで待っていた。ひとたび飛翔する以上、広宣流布の達成まで、着陸は許されない。飛翔が止まれば墜《つい》落《らく》する以外ないのだ。

墜落——それは広宣流布の死である。

戸田は、この時から、『追撃の手をゆるめるな』と最後の遺言を残すまで、ついに一瞬といえども、その手から操縦桿を放すことはできなかった』（『人間革命』第六巻二八四ページ）。

創価学会の唱えるこのような教理や価値論が、いかに真正の仏教にそむく大邪教であり、狂人・悪魔の価値論であるかということについては、すでに本誌三月号『四重の大罪犯す創価学会』、同二月号『創価学会の創価は狂人の狂価』その他で述べてあるので、ここではこれ以上論及しないことにする。

それにしても、ひとことといっておかねばならないことは、

①仏教の教主で永遠の生命をもつ久遠実成《くおんじつじょう》の釈尊と、不滅の価値をもつ仏教——法華経を否定し、末法の本仏が日蓮大聖人であるとか、末法の法華経が日蓮の唱えた題目・七文字の法華経であるとかいうことは、真正の仏教上あり得ないことであり、極悪の大罪で

ある。
②真理を否定し、利益の追求を最大の価値とする利・善・美の価値論は、仏教の根本真理である四法印《しほういん》（諸行無常《しょぎょうむじょう》・諸法無我《しょほうむが》・涅槃寂静《ねはんじゃくじょう》・一切皆苦《いっさいかいく》）と四聖諦《ししょうたい》（苦諦《くたい》・集諦《じったい》・滅諦《めったい》・道諦《どうたい》）を否定することである。しかし、この四法印と四聖諦を根底におかない仏教があるとすれば、それは真正の仏教とは決していえないニセ仏教である、ということである」

以上のような記述は確かに創価学会員にとっては「頭にくる」ものであり、そうであって当然である。しかしこれはあくまでも「教義論争」を「月刊ペン」誌上で展開すべき問題であって、「法」はこの論争に介入すべきではあるまい。

　この論文は前述のように相当に「感情的」だが、読者がこの「四万字」を読んで「教義論争」と受け取るか「スキャンダル文書」と受け取るかは、その判定の一基準になるであろう。「月刊ペン」には僧侶の投書も載っているが、それは「僧侶でない人がよくここまで……」といった感嘆であっても、「スキャンダル文書」として読んではいない。

　第一、「教義」が宗教の「生命」なら、宗教団体にとって絶対なのはそれであって、一平信徒にすぎない（はず？）の会長のスキャンダルなどは、はじめから大した問題ではないはずである。

たとえば、ローマ教皇にスキャンダルがあり（事実、ルネサンスのころはスキャンダルのかたまりともいうべき教皇がいる）、それを徹底的に批判したところで、それは決して「破門」の対象にならない。現にダンテは教皇ボニファティウス八世を地獄に叩きこんでいる。ではダンテは破門されたか。とんでもない。彼は「詩聖ダンテ」であり、その「神曲」はカソリック的世界観の最も完備した詩的表現で、ある意味では最良の入門書であろう。だがしかし、聖書・キリスト教文書を引用して「カソリックはキリスト教ではない」などといわれれば、それは黙過できまい。当然に教義論争があるべきだが、「世俗法《シビル・ロー》」の、これへの介入は許されない。

巧みなスリカエ

確かに「正典に基づく批判」は宗教団体にとって最もやっかいな問題であり、これが、前に記したように本山から来ようと、また一評論家から指摘されようと、対決しなければならぬ基本的問題であることは否定できない。

それは決して「お詫び登山」と「法廷」で処理すべきことではない。というのは「四万字」の中の「一千字」でこれを「スキャンダル文書」として筆者を「有罪」にさせれば、一般人も学会員も「三万九千字」のほうも同様と思って無視してしまう。と同時に、一般人（私を含めて）は刑法の条文など詳しく読んだことはないから「名誉《めいよ》毀損《きそん》で有罪」となれば「隈部大蔵という人は、いい加減な〝相姦図的〟なことを書き散らしたな」と思うのが普通である。

事実、私はそう思った。というのは「名誉毀損で有罪」は皮肉なことに、被告の名誉をたいへんに毀損する判決となり得るからである。ここに創価学会側の狙いがあったと思われることは、第一審判決後の「聖教新聞」（昭和五十三年六月三十日）の報道を見ればわかる。次に引用しよう。

「『月刊ペン』の隈部元編集人
名誉棄損事件に有罪判決／東京地裁
創価学会が名誉棄損で告訴していた総合雑誌『月刊ペン』の元編集人・隈部大蔵（五八）に対する判決公判が、二十九日午前十時から、東京地裁刑事二十六部で開かれ、篠原昭雄裁判長は『名誉を棄損したことは、証拠上明らかである』として、隈部に懲役十月（執行猶予一年）の有罪判決を言い渡した。
『月刊ペン』誌は昭和51年に入って『崩壊する創価学会』なる連続特集を組み、毎号、学会への悪意に満ちた中傷キャンペーンを行ってきた。特に同年三月号、四月号では、学会並びに池田会長個人に対する根も葉もない中傷記事をねつ造して掲載、ひんしゅくをかっていた。この日判決のなかで、篠原裁判長は、該当記事の公共性を否定したうえで『その表現は侮辱《ぶじょく》的な表題のもとに嘲笑《ちょうしょう》的、揶揄（やゆ）的、侮辱的言辞を用いて噂《うわさ》、風聞のまま掲載したもの』と厳しく指摘。また適切な調査、確認もすることなく一般社会全体に公表した責任は重いとして、今回の判決になったものである」

この記事には巧みなスリカエがあることは否定できない。それは「池田会長個人に対する根も葉もない中傷記事をねつ造して掲載、ひんしゅくをかっていた」と断定している。もちろん「聖教新聞」がそう断定するのは自由だが、それは法廷がそう断定して、隈部氏を有罪にしたということではない。ここにスリカエがある。

前述のように一般人は刑法など読まないから、これが「根も葉もある事実の記事のありのままの掲載」でも「有罪」なのだとは思わないからである。このことは、前述の「聖教新聞」の引用部分の末尾に「『事実が真実であること』等の要件の判断に立ち入るまでもなく」と記されているのでも明らかであろう。

結論へ至る部分の記述だけとりあげて結論をはずすと、隈部氏は「根も葉もないことを書いたから有罪になった」ことになってしまう。次に関係条文を引用しよう。

「第二三〇条　公然事実ヲ摘示《てきじ》シ人ノ名誉ヲ毀損シタル者ハ其事実ノ有無ヲ問ハス三年以下ノ懲役若《も》シクハ禁錮又ハ千円以下ノ罰金ニ処ス」（注：著者が執筆した当時の条文。以下同）

弁護士さんに聞いたところ、前科がある故に「前科がある」と書き、それがあくまでも事実であっても「名誉毀損」になるそうである。いわば隈部氏はこの条項で有罪になったわけで「根も葉もない中傷記事をねつ造して掲載」したから有罪になったわけではない。

「山崎上申書」によるとこのプランを立てたのは彼だが、これはおそらく事実であろう。なるほど法律の専門家である彼は、法と一般常識の間隙《かんげき》を狙ってうまいことをやったものだ、こうやっておけば、以後その「スキャンダル」がどこで再録されようと、「あれは根も葉もない中傷記事で、その証拠に隈部氏は有罪である」といっておけば、創価学会員ならずともだいたいたい世間はそう思うから、これで一件落着であろう。と同時に、「教義批判」もこれで消えるから、すべて片づいたことになる。

最高裁の逆転判決

ただ刑法には引きつづいて「二」がある。次に引用しよう。

「第二三〇条ノ二　前条第一項ノ行為公共ノ利害ニ関スル事実ニ係リ其《その》目的専《もっぱ》ラ公益ヲ図ル

ニ出《い》テタルモノト認ムルトキハ事実ノ真否ヲ判断シ真実ナルコトノ証明アリタルトキハ之ヲ罰セス」

となっており、最高裁のいわゆる「千に三つ」の逆転判決の「職権による判断」は次のようになっている。以下にその部分を引用しよう。

原判決及び第一審判決を破棄する。

本件を東京地方裁判所に差戻す。

〔理由〕略。

〔職権による判断〕

しかしながら、所論にかんがみ、職権をもって調査すると、原判決が維持する第一審判決の認定事実の要旨は、

「株式会社月刊ペン社の編集局長である被告人は、同社発行の月刊誌『月刊ペン』誌上で連続特集を組み、諸般の面から宗教法人創価学会を批判するにあたり、同会における象徴的存在とみられる会長池田大作の私的行動をもとりあげ、第一　昭和五一年三月号の同誌上に、『四重五重の大罪犯す創価学会』との見出しのもとに、『池田大作の金脈もさることながら、とくに女性関係において、彼がきわめて華やかで、しかも、その雑多な関係が病的であり色

情狂的でさえあるという情報が、有力消息筋から執拗に流れてくるのは、一体全体、どうい

うことか、ということである。……』などとする記事を執筆掲載し、また、第二 同年四月

号誌上に、『極悪の大罪犯す創価学会の実相』との見出しのもとに、『彼にはれっきとした芸

者のめかけT子が赤坂にいる。

……そもそも池田好みの女性のタイプというのは、①やせがたで ②プロポーションがよ

く ③インテリ風――のタイプだとされている。なるほど、そういわれてみるとお手付き情

婦として、二人とも公明党議員として国会に送りこんだというT子とM子も、こういうタイ

プの女性である。もっとも、現在は二人とも落選中で、再選の見込みは公明党内部の意見で

もなさそうである。……』旨《むね》、右にいう落選中の前国会議員T子は創価学会員多田時子《ただときこ》であ

り、同M子は同会員渡部通子《わたなべみちこ》であることを世人に容易に推認させるような表現の記事を執筆

掲載したうえ、右雑誌各約三万部を多数の者に販売・頒布《はんぷ》しもって公然事実を摘示して、右

三月号の記事により池田大作及び創価学会の、四月号の記事により池田大作、多田時子、渡

部通子及び創価学会の各名誉を毀損した。」

というのであり、第一審裁判所は、右の認定事実に刑法二三〇条一項を適用し、被告人に

有罪の判決を言い渡した。

そうして、原審弁護人が、「被告人は、宗教界の刷新という公益目的のもとに公共の利害

に関する事実を公表したものであるから、事実の真実性の立証を許さないまま名誉毀損罪の成立を認めた第一審判決は審理不尽である。」旨主張したのに対し、原判決は、被告人の摘示した事実は、創価学会の教義批判の一環、例証としての指導者の醜聞の摘示であったにしても、池田大作らの私生活上の不倫な男女関係の醜聞《しゅうぶん》を内容とすること、その表現方法が不当な侮辱的・嘲笑的なものであること、不確実な噂、風聞をそのまま取り入れた文体であること、他人の文章を適切な調査もしないでそのまま転写していることなどの諸点にかんがみ、刑法二三〇条ノ二第一項にいう「公共ノ利害ニ関スル事実」にあたらないというべきであり、したがって、いわゆる公益目的の有無及び事実の真否を問うまでもなく、被告人につき名誉毀損罪の成立を認めた第一審判決は相当である、として右主張を排斥《はいせき》した。

ところで、被告人が「月刊ペン」誌上に摘示した事実の中に、私人の私生活上の行状、とりわけ一般的には公表をはばかるような異性関係の醜聞に属するものが含まれていることは、一、二審判決の指摘するとおりである。しかしながら、私人の私生活上の行状であっても、そのたずさわる社会的活動の性質及びこれを通じて社会に及ぼす影響力の程度などのいかんによっては、その社会的活動に対する批判ないし評価の一資料として、刑法二三〇条ノ二第一項にいう「公共ノ利害ニ関スル事実」にあたる場合があると解すべきである。

本件についてこれをみると、被告人が執筆・掲載した前記の記事は、多数の信徒を擁するわが国有数の宗教団体である創価学会の教義ないしあり方を批判しその誤りを指摘するにあたり、その例証として、同会の池田大作会長（当時）の女性関係が乱脈をきわめており、同会長と関係のあった女性二名が、同会長によって国会に送り込まれていることなどの事実を摘示したものであることが、右記事を含む被告人の「月刊ペン」誌上の論説全体の記載に照らして明白である。記録によれば、同会長は、同会において、その教義を身をもって実践すべき信仰上のほぼ絶対的な指導者であって、公私を問わずその言動が信徒の精神生活等に重大な影響を与える立場にあったばかりでなく、右宗教上の地位を背景とした直接・間接の政治的活動等を通じ、社会一般に対しても少なからぬ影響を及ぼしていたこと、同会長の醜聞の相手方とされる女性二人も、同会婦人部の幹部で元国会議員という有力な会員であったことなどの事実が明らかである。

このような本件の事実関係を前提として検討すると、被告によって摘示された池田会長らの前記のような行状は、刑法二三〇条ノ二第一項にいう「公共ノ利害ニ関スル事実」にあたると解するのが相当であって、これを一宗教団体内部における単なる私的な出来事であるということはできない。

なお、右にいう「公共ノ利害ニ関スル事実」にあたるか否かは、摘示された事実自体の内容・性質に照らして客観的に判断されるべきものであり、これを摘示する際の表現方法や事実調査の程度などは、同条にいわゆる公益目的の有無の認定等に関して考慮されるべきことがらであって、摘示された事実が「公共ノ利害ニ関スル事実」にあたるか否かの判断を左右するものではないと解するのが相当である。

そうすると、これと異なり、被告によって摘示された事実が刑法二三〇条ノ二第一項にいう「公共ノ利害ニ関スル事実」に該当しないとの見解のもとに、公益目的の有無及び事実の真否等を問うまでもなく、被告につき名誉毀損罪の成立を肯定することができるものとした原判決及びその是認する第一審判決には、法令の解釈適用を誤り審理不尽に陥った違法があるといわなければならず、右違法は判決に影響を及ぼすことが明らかであって、原判決及び第一審判決を破棄しなければ著《いちじる》しく正義に反するものと認められる。

よって、刑事訴訟法四一一条一号により原判決及び第一審判決を破棄したうえ、さらに審理を尽くさせるため、同法四一三条本文により本件を東京地方裁判所に差し戻すこととし、裁判官全員一致の意見で、主文のとおり判決する。

以上の通りだが、「聖教新聞」(昭和五十六年四月十七日)には山崎副会長の次の談話が載っている。

「今回の判決は、名誉棄損罪における『公共性』の基準を、法律解釈上、明らかにしたものに過ぎない、と理解している。今後、東京地裁で再審理されることになるわけだが、隈部被告が『月刊ペン』に書いた記事は、もっぱら公益を図《はか》るという目的で書かれたものでないことは明白である。記事の内容は、池田名誉会長に対する意図的なねつ造であり、まったく根拠のない情報を使って書かれた非難・中傷に過ぎない。その意味で、東京地裁では隈部被告は有罪となるであろうし、そのことを少しも疑っていない」

これを読むと私にはどうも理解できない。というのはここで山崎副会長は「記事の内容は、池田名誉会長に対する意図的なねつ造であり、まったく根拠のない情報を使って書かれた非難・中傷に過ぎない」と、「四万字」の中の「一千字」だけを問題としているが、最高裁はそう見ず「創価学会の教義ないしあり方を批判しその誤りを指摘するにあたり、その例証として、同会の池田大作会長……」と記して、決してその部分を主文とは見ていない。

さらに、そのことを問題にして、それで名誉毀損されたとするのは少々おかしいと、佐瀬弁護士は上告の「弁論要旨」で次のように述べているのである。

「（前略）なお検察官は裁判所で男女問題につき池田大作らを取調べること自体が、名誉毀損を二重にする旨懸念されているが、神聖な法廷で事実を確め真実の発見を期することこそ、直接審理主義の裁判である。

㈣公知の事実と犯罪性

先に述べたように、本件摘示事実たる男女問題は、幾多の報道機関その他で宣伝され、遺《い》憾《かん》乍《なが》ら社会の一般認識としてはすでに公知の事実とされている。

したがって右の如き摘示事実があっても最早《もはや》池田大作会長らの社会的評価を低減するという法益の侵害はなく、これでは刑法第二三〇条本来の犯罪構成要件を欠くものであって、名誉毀損罪は成立せず、理論上無罪の問題が起る。

ここに検察官の公訴維持につき一考を煩《わずら》わしたい」

「山崎上申書」ショック

まことに法律というものは、われわれ素人にはよくわからない点があるものだが、この㈣の「右の如き摘示事実があっても最早池田大作会長らの社会的評価を低減するという法益の侵害はなく……」という言葉は、素人の「不信感」にそのまま訴えてくる言葉である。というのは「月刊ペン」はそんな大雑誌ではない。

そして、他の大出版社の大雑誌がすでにこのことを書き「幾多の報道機関その他で宣伝され」すでに、誰でも知っている「公知の事実」になっている。現に私などがこの記事を読んだのは「月刊ペン」ではない。

では、この点だけを問題とするなら、なぜいちばん少部数で小出版社の編集長兼筆者である隈部氏だけが問題にされるのかという疑問である。

確かに、そういうことが書かれても「みんな知ってるよ」なら、「社会的評価が（これ以上）低減するという法益の侵害」はないであろう。「法益の侵害」がないのに法廷で裁くのはおかしい――これが、いわば「常識論」であろう。

しかし法律の専門家はまた別な読み方をするものらしい。というのは「検察官の公訴維持につき一考を煩わしたい」というのは、こういう状態なのに「公訴が維持できる自信がおありですか」という意味で、そうなると、検察官が起訴をとり下げることもあり得るそうである。

ある弁護士さんは「池田本仏《ほんぶつ》を法廷に出さないために、検事がそうするかもしれませんね」といっていたが、このへんの駆け引きはわれわれ素人にはさっぱりわからないから、何ともいえない。そうなるのかもしれない。

だが、そうなると、素人は「フーン、学会の都合がそんなふうに法廷に作用するものなのかねえ」という気がする。五月二日には服部最高裁長官が現職裁判官が逮捕される汚職事件にあたって「司法の危機」に触れ「遺憾の極《きわ》みで、心からおわびする」といわれ、「裁判官の公正に対する信頼が崩れた」とされている。

「司法への信頼の危機」は確かに大きな問題である。さらにそれに引きつづいて読んだ「山崎上申書」は私には大きなショックであった。というのは、たとえば女性被告との密会事件を起こした安川簡裁（注：簡易裁判所）判事なども「司法への信頼の危機」を招来した一人であろうが、この事件はたとえ「遺憾な事件」とはいえ、「一般人の常識では到底に理解不可能な事件」ではないからである。

いわば、われわれの常識では、もし裁判官に贈賄したり情を通じたりした者がいれば、それは「被告かその関係人」で、それによって罪を軽減してもらうか無罪にしてもらおうと思っている人間に限られるからである。そして一般人はみな「まじめに働いていれば、生涯、裁判所なんて関係ないところさ」と思っている。それが常識であろう。そしてこの常識は「司法への信頼」がある限り、存続する。

では一体、「信頼の危機」は何によって生ずるのか。孔子は「民は之《これ》に由らしむ可《べ》し。之を知らしむ可《べ》からず」（『論語』泰伯第八）といった。

これは戦後、民主主義否定の言葉とされ、非難・批判の対象となったが、この「不可使知之」は元来は「したくても、できない」の意味で、程子《ていし》（注：宋《そう》の儒学者、程顥《ていこう》・程頤《ていい》の兄弟）はこれを註解して「政治の内容を完全に知らせようとしてもそれはできない。しかし民の信頼を克《か》ちうることはできる」と註解している。そして戦前の宇野《うの》哲人《てつと》（注：中国哲学者）や簡野《かんの》道明《みちあき》（注：漢文学者）の註解もほぼ同じである。

確かに事実はその通りであり、われわれはなぜ「司法の公正」を信じているのか、と問われれば、「六法全書も判例集も判決の内容もすべて知っているから」とはいえない。だいたい、「刑法二三〇条の一と二」に何が書いてあるのかさえ知らないのが普通である。それでいて、司法・検察・警察への日本人の信頼度は世界一高いという人もいる。何も知らないでそうだということは「しかし民の信頼を克ちうることはできる」の最もよい例証であろう。

確かに『六法全書』というものはある。しかしそれを開けば、「人ヲ殺シタル者ハ死刑又ハ無期若《も》クハ三年以上ノ懲役ニ処ス」と記されているだけで、その者が三年で「シャバ」に帰ってくるのか永遠に「あの世」に送られてしまうのか——これは天地雲泥《うんでい》の差だが——、この差が何によって生ずるのかは『六法全書』をいくら見てもわからない。

おそらく判例と裁判官の判断によって決まるのであろうが、われわれは、裁判官がこれを公正におこなっていると信じて疑っていないのである。もしこれを疑うようになったら、それは「司法の終わり」で、それが社会に与える影響には甚大《じんだい》なものがあるであろう。

そうならないのは決してわれわれが「知らしめられている」からではなく、やはり児島惟謙など歴代裁判官により形成された司法の独立と裁判官の良心を信じているからであろう。

このことは「誤判」がないと信じているわけではない。また裁判官に誤りがあって「原判決破棄」の差しもどしがあっても、これは、裁判への信頼を増すことになっても信頼を減ずることにはならない。

また安川箇裁判事のような場合も「好ましくないけど、裁判官も人間だから、その中にはこういう人間もいるだろうな」とは思う。

では、どのようなときに民衆は裁判を信じなくなるか、いわば本当に「司法への信頼の危機」を生ずるかといえば、裁判官が、「何かの勢力に負けたか、何かに抱きこまれて、本来は無罪であるべき人間を、内心では無罪と思いつつも有罪にした」と信じた場合である。

もし民衆がこう思ったら、これは司法への死の宣告である。というのは、それではまったく身に覚えのない元来は無罪の者も一般人も、逆に司法を加害者と見てしまうではないか。

私が「山崎上申書」にショックを感じたのはこの点である。

なぜ池田氏を出廷させないか

今の新聞社に創価学会の圧力があるのか、圧力がある前に新聞社側が自主規制をしているのか私は知らない。しかし、この問題を「創価学会問題」より「司法への信頼の危機」として取りあげた原稿が、俗にいう「ボツ」にされたことは事実である。

しかし文藝春秋は「ボツ」にしないと思うので、以上の観点から「山崎上申書」に進みたいと思う。それは次のような順序で記されている。

彼はまず自分の転向が日達上人の「教化」であるゆえをのべ、ついで隈部氏逮捕がどのような形で進められたかを記し、さらに「告訴に当っての条件は、隈部大蔵氏を即刻逮捕すること及び池田大作氏を法廷に証人として立たせないよう配慮することの二つ」であったと記している。

ところが第一回公判で検事から「最初に池田さんに証人に出てもらいたい」と通告されて大騒ぎになり、笹川良一《ささがわりょういち》氏（注：大物右翼活動家）の承諾を得て笹川陽平氏（注：笹川良一の三男）が「月刊ペン社」にわたりをつけて「和解」の話し合いとなったが隈部氏が頑《がん》として応ぜず、「結局、本人には知らさないで、弁護人の裁量で池田氏を法廷に出さないような弁護活動」をしてもらうことにし、二千万円を示談金で払ったという。そして「この間の事情については『宝石』（注：月刊総合雑誌。一九九九年に廃刊）十一月号に掲載した私の手記にくわしく述べておりますので添付いたします」と記されている。

私はこの記事は読んでないが、当時この噂を聞き、「ヘエー、変な話があるんだね、一体何で、訴えた方が訴えられた方へ示談金を二千万円も払うのかねえ。こんな話は、日本裁判史上はじめてではないのか」といったのを覚えている。

確かに奇妙な話なのである。そしてこれがあまりに奇妙なことと、この二千万円が行方不明とかで、おそらくそれが「火元」だと思うが「創価学会から二千万円もらった裁判官がいる、山崎が握っているバクダンとはその証拠だそうだ」という根強い噂がマスコミに流れている。

もちろん噂にすぎないし、事実ではあるまいと私は思うが、この「山崎上申書」の雑誌「宝石」に掲載されたという部分はあまりに異常で、これが雑誌で広く知られたため、「それくらいのことはあるだろう」ということになったのではないかと思われる。

というのはこの部分も、そのまま読めば「警視庁とは創価学会・公明党に依頼されて不当に人を逮捕勾留する所だ」といっているに等しいが、これに続く㈣は、少なくとも一般人には、さらにショックである。以下に引用しよう。

「四、第一審裁判所とのかかわり合いについて

第一審の裁判長と小谷野弁護士は特別に親しい関係にありました。第一審の継続中、何回か秘かに会っています。その結果について小谷野弁護士から私は直接聞いています。小谷野

弁護士の話では裁判長が池田氏を法廷に出さず、なおかつ控訴審でくつがえされないように審理をつくす形をとるため工夫していることについて、私に話しました。真実の立証ということに入ると、どうしても池田氏を呼ばなくてはならなくなるから公益目的・公益性の有無という段階の判断で判決が下せるべく最大の努力を払うべきだとの裁判長の示唆《しさ》により、この点についての有力な鑑定証人を出すことを検察官と相談しました。その結果伊達《だて》・小谷野弁護士らが親しい東京大学教授・藤木《ふじき》英雄《ひでお》氏（注：刑事法学者）に白羽の矢を立てて依頼し、承諾を得ました。このとき、藤木教授に有利に証言してもらうために、弟子の一人を、創価大学講師に招へいしました。創価大学理事であった私が、そのあっせんをしました」

「こりゃ一体本当かね、まさか……」私もこれを読んで思わずそう呟《つぶや》いたが、もしこういうことをいわれて放置しておいたら、それこそ「司法への信頼の危機」は、救いがたい状態になる。

いずれにせよこの真相を明らかにすることを服部高顕《はっとりたかあき》最高裁長官にも国会にもお願いしたい。というのはもしこれが事実でないなら、これこそ「司法に対する最大の侮辱」である。

何しろ、「法の前に平等」であるべき一個人を、しかも単に証人として法廷に出廷させないために、裁判官がその弁護士と「私的に談合」して、適用すべき法令を予《あらかじ》め定めていたとあっては、そしてそれが可能であったとされては、庶民はもはや「法の前に平等にその保護を受ける」基本的な権利さえ喪失してしまうからである。

こんなことが本当だったら庶民はたまったものではない。これが司法への信頼に与えた打撃は、安川簡裁判事のそれとは比較にならない。

そしてこの打撃は、もし前記のような理由で隈部氏の起訴が取り下げられれば、さらにはげしくなっても、それで解消することはない。

「私の言葉は憲法」発言

池田氏に何かできるのは「本山」だけ

ではなぜこのような問題が生ずるのか。理由は「山崎上申書」の次の部分に示されているであろう。

「……私が、ここで御庁《おんちょう》（注：ここでは「最高裁第一小法廷」の意）に上申いたしたいことは、私が創価学会弁護団の中心者であった間に処理した隈部大蔵氏の事件について、率直にいって隈部氏を罪におとしかつ池田大作氏を法廷に出廷せしめないために汚い裏工作を行った事実についてであります。

私は、隈部氏に対し同氏を告訴した当初から第一審の刑事裁判の全経過において、同氏に不利益をもたらす裏工作を遂行いたしました。もちろん池田大作氏、北條浩氏ら創価学会最高首脳と密接な相談の上で、その委任にもとづいて行ったものであります。

その他の事件についても、偽証、裏工作、政治的圧力等々、種々とかかわってきましたが、当時は、現代の仏であると信じた池田大作氏を護り、創価学会を護ることが最大の正義であり、そのために必要とあらば手段を選ばぬのは当然と確信して、最高幹部及び仲間の弁護士と共に、かかる作業にたずさわってきました」

このこと自体は別に不思議ではない。内的規範である教義を絶対化して、さらに個人・社会のパラレリズムが絶対化されれば、一個人の内的規範は社会をも律する外的規範となり、それによって本来の「外的規範」である「法」が無視されるのは当然である。

池田大作氏自身が「私の言葉は学会では憲法になってしまうのです」と堂々と述べている。その「言葉」が内的規範である「教義」であるだけでなく、外的規範の基本である憲法であるのならば、これは「絶対者」ということであり、その意志を阻害する一切の「壁」は排除されねばならない。顧問弁護士とは、つまりその「壁」を排除する「特殊技術者」になるわけである。

私はこの池田氏の「私の言葉は学会では憲法になってしまうのです」という言葉を読んだとき、つくづくと「日本も近代的民主制社会になったのだなあ」と思い、同時に「自分の口から出た言葉が憲法だと言い得る独裁者は近代的民主制社会にしかあらわれない」という言葉はやはり事実だなと思った。

というのはこの言葉は、ワイマール憲法下のヒトラーは口にできるであろうが、たとえばサウジのような伝統的イスラム社会や、戦前の日本では、口にできない。前者は「マホメットの口から出たコーランとスンナ（伝承）が法」であり、後者は不磨《ふま》の大典《たいてん》（注：不滅の大法典）の欽定《きんてい》憲法（注：君主が制定する憲法）の世界だから、天皇でもそんな言葉は口にできないからである。

したがって民主制社会は「教義」すなわち「内的規範」を、個人↓教団↓全社会のパラレリズムで折伏的に一般化していけば、独裁政権を樹立し得る社会なのである。

冒頭（第二章）に述べた内村の言葉は、この点から、もう一度考うべきだが、内村のその視点が無視されれば、「山崎上申書」的な事件は常に出てくると考えねばならない。

言うまでもないが、「教義」とはいずれの社会であれ「字義通り」に通用しない。例をあげれば、たとえいかに日蓮の言葉が絶対であるといっても『種々御振舞御書』の中の「七大寺の寺塔を焼き払い、彼らの頭を刎《は》ねずんば日本国必ず亡ぶべし、末法《まっぽう》の世には、戒律を持《じ》すべからず、刀杖《とうじょう》を持すべし」の言葉をそのまま自己の絶対的な外的規範として、「日本が滅びないため」創価学会員が全員刀と杖を持ち、七大寺を本当に焼き払って、そこの僧侶の首を切ったらたいへんである。

もちろん創価学会員もそこまでやるつもりはないであろうが、こういった場合は「どのような情況に対応して日蓮がこの言葉を口にしたか」が解釈の基準になるはずである。しかしその「解釈権」は、創価学会が信徒団体なら、その長である池田氏がもつのでなく、本山の法主がもつはずである。

こうなると、池田氏に何かを指示し得るものはこの「解釈権」をもつ「本山」だけということになる。事実、現代の日本で池田氏に「お詫び」をさせる力をもつ者（否、少なくとも「もっていた者」）は本山だけである。

ある住職の説法

少々皮肉な言い方だが、もし隈部大蔵氏と池田大作氏が公開論争をやり、本山が「日蓮正宗の教義よりすれば隈部氏が正しい」と裁定を下したら、これは裁判所が隈部氏に無罪の判決を下した以上の大問題のはずである。

ということは池田氏にとって「本山をコントロールできるか否か」は死活問題のはずである。そしてこれは政治に進出した創価学会が、もし「創共協定」（注：146ページ参照）の内容は「教義に反する」と本山からいわれたような場合、どうするかという問題も含まれる。

否それだけでなく、もし選挙で、創価学会が他の宗教団体と連合したら「教義的」にどうなるかという問題も含まれてくるであろう。というのは政治運動には「ハリガネ宗」といわれた伝統と相いれない問題が出てくるはずである。そして事実、出てきている。

次にその例をあげよう。これは無辺寺《むへんじ》（注：山梨県大月市）の住職の説法の一部である。

（前略）日蓮正宗に菅野憲道という坊さんが居ます。この菅野憲道師が論文を書いたんです。お山の機関誌に。

その論文のどこが創価学会に引っかかったかというと、ここです。この菅野憲道師がこういうふうに書いたんです。これを「けしからん」と言ってツルシ上げたんです。学会が。

これは菅野憲道師の論文の一部ですよ。

「また、これ等の方向転換は公明党との関連に於いて理解されなければならない。即《すなわ》ち言論問題によって、公明党の綱領から『王仏冥合の大理念』を削除し、政教分離を行なって来たのであるが、公明党の後退によって、再び創価学会の強力かつ密接な支援がなされている。この事は一般信徒に於いて、公明党の闘いが即広宣流布への戦いであると解され、法戦の言葉のもとに、選挙中は一切の学会の精力が注ぎ込まれている事を見ても明らかである。

しかし、今の段階で公明党が政権をめざすためには、念仏者や真言宗徒、佼成会《こうせいかい》や（日蓮正宗ではない）日蓮宗の人々の票も獲得しなくてはならないのである。

それ故に折伏を友好活動にすりかえ、祭礼等への参加も指示されたのであろう。

公明党の発足当時は、本門戒壇建立の国会に於いての議決、後には王仏冥合の実現を目標として来たのであるが、現在に於いては、宗教的イデオロギーを抜きにした国民政党への脱皮の方向に向っている。しかし、その基盤ともいうべき、宗教と政治の関連性についての理論づけは、従来とほとんど変っていないのである。

そのために一般信徒は、選挙運動即宗教活動の如《ごと》く考え折伏活動と票の獲得を同価値のように考えているものが多いのである」

こういう主旨の論文を書いている、お山の機関誌に載った。当り前でしょう。この通りでしょう、皆さん。

今迄選挙になれば座談会なんかF取り（注：友人、知人に投票依頼）で、やっているではないですか。

だからこの菅野憲道という坊さんは「それはいけないと。選挙の票とりが功徳につながるなんて教えはどこにも無い。大聖人の御書にも。

而《しか》も池田会長は昭和47年の政教分離で、ちゃんと選挙と宗教は別だと言ってるではないか。なのに選挙の票とりが、なんで功徳につながるんだ。

それは日蓮正宗の教えではありません。

余りにも一般学会員の犠牲が大きい。

決して経済的に裕福でない方々でも、東京に親族がいると言えば、その一票を取りに行かされる。

こういう事はやめなさい」という事を暗に言ったんです。

それがケシカランと言って、ツルシ上げたんです。

やったのは野崎《のざき》青年部長とか原田《はらだ》副会長達。

こんな人達は日蓮正宗の信者だとは、私は思いませんよ。

これが正宗の信者で通るなら、坊さんを敬《うやま》ってまじめに信心している信者さんが大迷惑だ。

そしてこれをツルシ上げた上で、創価学会はこういう本を出したんです。

『広布研究』。それにどう書いてあるか。いいですか。

「創価学会の機関誌である（聖教新聞）あるいは月刊教学誌（大白蓮華《だいびゃくれんげ》）等によっても明らかな通り、創価学会は選挙中であると否とを問わず、純粋なる宗教団体の諸活動を続けている。（中略）

したがって（一般信徒は、選挙運動即宗教活動の如く考え、折伏活動と票の獲得を同価値のように考えているものが多い）などというのも、まったくの臆説に過ぎないばかりでなく、またも大聖人御遺命の折伏をも否定する大罪に陥《おちい》るのである。もし臆説でないというなら、菅野は創価学会の（一般信徒）の誰と誰が、しかも（多い）というなら過半数を超える氏名を挙げて、そのように考える人物の証言でも得ているのか。

ここで明確にしておきたいことは、創価学会の活動は純粋なる宗教運動であり、公明党は政治結社として政治活動に専念しているのであって、そこには政治と宗教との分離が徹底化されているのである。それを、あたかも一体化しているかの如く憶測する見方は、もはや最初から悪意をもつ者の中傷というしかない。

そのような菅野の姿勢は、次のような皮肉な推論にも、はしなくも露呈している」（以下略）

この様に選挙だからと言って、選挙の指揮をした憶えはない。あく迄《まで》も宗教団体なんだからそんな事をした憶えはないと。開きなおりですよ。「我々は、宗教団体だから選挙の票取りなんか指示した憶えはない。選挙中であろうとなんだろうと宗教活動以外した事はない」と言って、この菅野師をツルシ上げして、而もこれだけ開き直って、この本を全国の坊さんにバラまけと言って来たんですよ。

学会員の皆さんも、随分と会長さんにバカにされたもんですなあ。あなた方が、全《すべ》てをなげうってやった選挙活動も会長さんや学会は「知らん」と言っているんです。あなた方が好きで勝手にやったんだろうという事でしょう。どうですか皆さん。

さあ、ですから今度いよいよ選挙が始まる。どういう指導をしなさるか、ジックリ見させてもらおうじゃないの。楽しみに。「創価学会は宗教団体だ、選挙運動なんかした事はない。そんな事を指示した憶えはない。あるなら証拠を出せ」と言って、ちゃんと本まで出てるんだから、そして坊さんまでツルシ上げて、詫び状まで取ったんだから。この詫び状を取ってるでしょう。

今度選挙が始まるが、どんな風に指導するかね。まあ、創価学会がウソをつく団体でなければ選挙の事は一言も言わないでしょう。座談会で。もし言ったらば、いつでも此《こ》の本を貸して差し上げる。「おかしいですね、学会は」と言ってあげる。言って上げなきゃわからんから、そういう人達は。何遍でも言って上げるしかない。

ともかくも、変な理屈をコネクリ回さずに、一度私の申し上げる事を御考え頂《いただ》きたいのでありまず。そして、本当に心から、心の底から自分達の信心に誤りがないかどうか臨終を迎えて、信心に心配がないかどうか考えてほしいのであります。（以下略）

「壁」を排除するために

こうなると池田氏の「週刊朝日」での言明は少々不思議である。しかしいずれにせよ、藤《ふじ》原弘達《わらひろたつ》氏のように創価学会を政治集団としか見ない人もいる。

もしこれが純然たる「日蓮正宗の信徒団体」であるならば、政党である共産党と「創共協定」を結ぶこと自体が少々不思議であろう（注：一九七四年に、公明党の代表でなく創価学会の池田会長が、当時の共産党委員長・宮本顕治《みやもとけんじ》と、「お互いに誹謗中傷《ひぼうちゅうしょう》をしない」など七項目の協定を結んだ）。もっともこの問題には池田会長は「週刊朝日」誌上で何も答えていないからわからない。しかし、いずれにせよ、上記の文章で、創価学会の政治活動には「教義＝本山」が最も大きな「壁」になっていることは事実であろう。そしてこの「壁」を排除する「技術者」が原島嵩《はらしまたかし》元教学部長であったのであろう。

したがっていまの池田氏にとっての最大の問題は、「本山のコントロール」のはずである。池田氏の外遊を一部のマスコミは「スキャンダルからの逃避」のように記しているが、おそらくそうではなく、これは本山コントロールの重要な一布石ではないかと思う。

というのは、「日蓮正宗国際センター」という法人をつくり、それが、本山の上に立って、全世界の日蓮正宗を統括しようという計画があり、これを四十九年（一九七四年）に故日達《にったつ》上人に提示し、はっきりと拒否され、このとき故日達上人は創価学会との分離を決意したこと、同時に学会のほうも一時的にはその決意をしたか、あるいは決意をしたといって恫喝《どうかつ》したか、そのいずれかであることが、同年七月二十七日の「日達上人猊下《げいか》お言葉」の中に出てくるのである。次に引用しよう。

「（略）一昨年の秋位から去年を通じ今年の春にかけて、この何といいますかね、学会が宗門に対する態度と申しますか、色々、僧侶に対して批判的であり、亦《また》教義的に於ても我々から見て逸脱している事が多々ある様に思われます。

それは世間の友好の為、広宣流布の為という目標によってそうしておると聞きますけれど、その儘《まま》にして置いたんでは大問題になりはしないか。終《しま》いに於て取り返しのつかない事になりはしないかという憂慮の為に先月の中頃でしたか、北條《ほうじょう》副会長並びに山崎弁護士が来られまして、その時に私は申し上げました。

その時、国際センターを造ると。日蓮正宗国際センターを造るに当って、創価学会と日蓮正宗との真中に、も一つ上に日蓮正宗国際センターと云《い》うものを造るという趣旨で来られました。私ははっきり断りました。

日蓮正宗は日蓮正宗としての一つの宗教法人である。大聖人様の遺命に依《よ》って広宣流布を全《まっと》うしなければならない只《ただ》一つの宗旨である。それを其《そ》の上に一つ又国際センターというものが出来るとなれば、正宗としては其の上に一つ又被宗教法人が出来る。我々は被宗教法人の下についていくんだから意味がなくなってしまう。日蓮正宗としての意味が、又、御戒壇の大御本尊をお守りしていると云うのも、今度は出来なくなってしまう。其の上の宗教法人に於て、どうとかこうとか云われたらばこっちも其の下につくんだから何ともする事が出来なくなる。その意味からはっきり断りました。私はどこまでも日蓮正宗は大聖人の教義を守って、譬《たと》え小さくとも宜《よろ》しいからいきます。又、今皆様方のお蔭で大きく成って居るけれども、もっともっと小さくなっても、どなたか又大きく手伝いしてくれる人が有《あ》るかもしれない。だから私はどこまでも大聖人の仏法を守ると云ってはっきり日蓮正宗の上につく日蓮正宗国際センターと云うものを私は否定といいますか、お断りしたわけでございます。

それから端を発して色々の其の後の最近の一年か二年かに亘《わた》るところの学会の教義の違い、謗法《ほうぼう》の有り方と云う事を私は申し上げました。その時は、それで帰っていきました。

又、会計を大石寺の会計も調べる。その会計を調べると云う。大石寺も宗教法人でその年その年に税務署へちゃんと会計報告して通っている。それにも拘《かか》わらず復《また》第三者が来て会計報告まで調べると云うのはどうも私は意味がとれない。その時に北條さんが言うには若し調べさせなければ手をわかつ、おさらばするとはっきり云ったです。

私はびっくりしました。こう云う根性じゃこれは駄目だと、会計を見せなければ自分から正宗から手を切ると言うのである」

そこで結局「見たけりゃ、見なさい」といったことになり「此《こ》の三月から一ヵ月か二ヵ月かかって向こうの会計主人（任？）といいますか、何か偉い人が学会の会計主任の方が来て、三、四人の家来を連れてきて調べました」ということになった。だが話はそれっきりであった。

「と云う様な事が、出来事が多々ありまして此れはもう是《こ》の儘《まま》じゃ話にもならない。どこ迄も若し学会が来なければ、もうそれは正本堂を造ってもらって有難い、正本堂は其の時の日蓮正宗を少なくとも信心する人の集りに依って、その供養に依って出来た建物である。だから若し学会が来なくて生活が立たないと云うならば、御本尊は御法蔵へおしまいして特別な人が来たならば御開帳願う人があったら御開帳してよいと云う私は覚悟を決めたわけです。

そのように云った――（中略）

今此の時に於て憎まれても私が言わなければ大変だと思ったから私は言ったんです。そのためにはある程度の動揺はあるかもしれません。わたしは覚悟したわけです。

その時、実際皆様の五月の寺族同心会にて、一人でもお山を守りたい。もうどんどん手を切ってもいいから。百姓してもいいからやろうと。皆お山の連中にもそういってるんです。結局百姓して食わなきゃ駄目だぞと。それ迄決心して私は言ったんですから。どうか皆さんもしっかりしてですね――

信徒を大事にする。しかし法は曲げない。若し自分がその正しい法に背《そむ》いていると気づいたならば止めなければいけない。それが大事な事なんです。

この間、先月の大白蓮華（昭和四十九年七月号）にあった、謗法を承知の上でしてもいいというような事を書いてあった。あれも指摘したんです。これじゃしようがないじゃないか、――


『願兼於業《がんけんおごう》』（注：願いが業を兼ねる）という事があるから、自分は謗法してもいいんだ。進んで謗法してもいいんだ。責任は自分にある。

とんでもない事ですね。『若《も》し此の経を信ぜずして毀謗《きぼう》（注：非難）せば乃至《ないし》其の人阿鼻《あび》獄《ごく》（注：最悪の地獄）に入らん』と。――

謗法という事は正法の人の、正しい人の成仏の種を断ずる事である。仏種を断ずる事になる。

自分だけ謗法していいんじゃない。――五逆罪（注：最も重い罪）よりも謗法はもっといけないんだ。――

謗なく正しい法門を流布《るふ》して、そしてお寺を守って下さい。そのために、お詣《まい》りする人が減っても仕方がない。減っても喜び、正しい法を弘める為には喜んでやってもらいたい。

……（後略）」

いま池田氏は「ＳＧＩ（注：創価学会インタナショナル）会長」だが、これはおそらく、「日蓮正宗国際センター」への布石であろう。

こうなれば故日達上人がいっているように「其の上の宗教法人に於て、どうとかこうとか云われたならばこっちは其の下につくんだから何ともする事が出来なくなる」という状態になり、本山を完全にコントロールできて、「教義の壁」がなくなり、そうなれば、「政治運動と教義」というまことにややこしい問題もなくなるわけである。

前述の少々不思議と記した池田氏の言明は次の通りだが、以上の目途《めど》がついたのなら別に不思議ではない。次に引用しよう。

「（前略）——創設者としては、今後、公明党はどう歩むべきと。

池田　党も、もう十数年の歴史と伝統を持つようになったのですから、学会も応援はしますが、やはり自分の力で国民の幅広い支持を得るよう努力してほしいですね。自民や社会など、ごく少数の党員であれだけの支持を受けているんですからね。

——つまり、これからひとり歩きの努力をしなさいということですか。

池田　その努力をもっとしっかりやってほしいと思います。

――政教分離という原則からいきますと、当然そういうことなんでしょうけれども、現実問題としては、公明党の手足がまだまだ政党としての態《てい》をなしていない。選挙の集票活動ということと、どうしても創価学会に頼らざるをえないという状況から、なかなか脱却できないと思うんです。

池田　応援しなければ、マスコミが、竹入《たけいり》委員長と私は仲が悪いとか書くでしょう。応援すれば、癒着《ゆちゃく》していると書く。少し短絡《たんらく》すぎるところがあるんですよね。創価学会は、ふだんはずっと宗教活動しているんです。選挙のあるときは支援する、これは、いままでの経過からいって流れなんです。やっぱり公明党の実績、信頼が社会に定着するまでには、まだ二十年間は必要なんじゃないでしょうか。そのへんまでは、なんらかの形で応援してあげなければならない因縁だと思います。

――あと二十年ですか。

池田　そのぐらいですかね。（後略）」

民主制への戦後的誤解

以上のように見てくると、創価学会とはまことに不思議な「宗教政治団体」だという気がする。読者もそう思ったかもしれない。

しかし誤解してならないことは、これが「戦後新聞民主主義」なるものの〝教義〟に最も忠実な団体であったたし、現在もそうであるということである。

新聞は確かに「政教分離」を説いた。しかし、各人の思想・信教の自由は、政府だけでなく、いかなる団体も個人も犯すことのできない基本的権利であることを事例に則して主張したことはない。すなわち明治四十二年にすでに内村が指摘しているように、「他宗を説伏すると称するがごときは愚の極、不法の極、悪事の極」といった考え方はないのである。

新聞は創価学会問題となると「信教の自由という問題には足を踏み入れるべきではない」という遁辞《とんじ》（注：言い逃れ）で、この問題を回避してきた。

そこには、「信教の自由」は犯すことのできない「個人の権利」であるから、政府のみならず、いかなる団体も個人もこれをしてはならない、他人の「内的規範」に絶対に触れないことは、民主制《デモクラシー》の下の「各人の義務」であるという視点は完全に欠けていた。

「折伏の被害」ともいうべきものは、すでにさまざまな雑誌には登場している。またその被害者ともいうべき人は、私の知人にも決して少なくない。

しかし新聞はこの「信教の自由」への侵害を取りあげたことは、私の知る限りでは、一度もない。いわば、内村の視点がまったくないのである。

したがって、団体もしくは個人によるこの点での「基本的人権の侵害」は、戦後は野放図という形でおこなわれた。そしてこれは、ただに「創価学会問題」だけではない。そしてこれこそ、まさに民主制の基本にかかわる問題である。

ここに民主制《デモクラシー》なるものへの、戦後的誤解があるであろう。

言うまでもなくこの「制」では、「法」は人間の外的規範でしかない、いわば行為しか規制せず、しかもその規制は罪刑法定主義によって予《あらかじ》め定められており、その適用および解釈権は司法にのみゆだねられ、絶対に他者は干渉してはならないという制度である。

したがって各人の内的規範である「思想・信教」は各人の自由すなわちその選択にゆだねられ、これにはなんぴとも干渉できないのが原則である。と同時に外的規範に関する限り各人は、その「思想・信教」に関係なく平等であり、「池田御本仏」であれ誰であれ、この点では平等であらねばならない。

したがってその「平等」が破られ、「御本仏」だから法廷に出廷させてはならないということが、もし、その御本仏の代理人と裁判官の談合によって可能になるならば、これは民主制そのものの否定である。

と同時に、その人間の内的規範である「教義」には「法」はタッチできず、これにタッチできるのは、その教団の教義の解釈権をもつ者のみであり、もしその解釈に不満ならば、その人間はその教団から脱会する自由を当然にもっているのである。

これが「法」と「教義」と、その中における個人との関係を律する基本のはずである。しかし、戦後新聞民主主義は、こういう原則をもつこと自体を否定して、「無原則の話し合い」を絶対化してきた。

これがどういう結果になるかは「話し合いの恐怖」(『「あたりまえ」の研究』所載)の中で詳説してきたから再説はしない。いずれにせよ「法」を無視してハイジャックと話し合うことが正義である社会では、創価学会の代理人である弁護士と裁判官とが話し合おうと、それですべてが「丸くおさまる」なら正義のはずである。

「山崎上申書」を見ると確かに、誰にも「実害」がないように「丸くおさめる」よう配慮しており、これがおこなわれた形跡が皆無《かいむ》であるとはいえない。

というのは、第一審の「懲役十か月、執行猶予一年」は、隈部氏にとって「実害」のない判決であり、本人に「罪悪感」があるならば、「裁判費用もかかることだし、これは実質的に無罪で実害がないから、まあこの辺で手を打つか」ということになって不思議でない。

こうなれば控訴《こうそ》しないのが普通であり、たとえ控訴となっても「この程度なら」で棄却されるのが常識なのかもしれない。

これが「山崎上申書」にある「裁判長が池田氏を法廷に出さず、なおかつ控訴審でくつがえされないように審理をつくす形をとるため工夫している」ということなのかもしれない。

最も困るのが「宗教人」

「話し合い絶対」の世界なら、「話し合いの恐怖」で記したように、これで「双方丸くおさまる」のかもしれない。というのは、「話し合い絶対」なら、その結果、前の「聖教新聞」の引用でもわかるように、創価学会は「有罪」という名をとればよいのであり、隈部氏は「しかし、実質的には無罪に等しい」という「実」をとればよいはずだから、「話し合い絶対」の世界なら、これでおさまる。

しかし「教義」が絶対の宗教人は、自らの内に確固たる原則があるから、それを曲げることはできないし、しない。これは隈部氏の書いたものを克明に読めばわかる。

そして皮肉なことに「二千万円の御利益に基づく折伏」にも、「実質無罪」の「苦心の判決」にも、頑《がん》として応じないで、不利益を覚悟しつつ、自己の展開した教義と相手への教義批判を固守するのが宗教人なのである。ということは、まことに皮肉にも宗教法人創価学会にとって最も困る人間は、頑として教義では妥協のない宗教人である。

そしてこの点でやはり同じように、否さらに困る人間が、皮肉なことに故日達上人《にったつしょうにん》であったと思われる。というのはたとえそれで「食えなく」なっても日蓮正宗国際センターを潰《つぶ》したのは、前記の記事によれば、故日達上人だ――。

この点、創価学会にとって、他の日本人はまことに他愛もない存在に見えたであろう。当然である。というのは民主制は、決して各人の「内的規範」を提供してくれない。そして提供しないがゆえに、それは各人の自由採択にゆだねる「思想・信教」の自由が保障されているのである。この点、確かに戦前の日本は違う。

戦前の日本とは、天皇が帝国憲法という外的規範と、教育勅語という内的規範を共に国民に下されたわけで、「教育勅語が存在するのだから、わが国には思想問題は存在しない」と文部大臣が帝国議会で答えた世界なのである。

そしてそれこそ、内村がそれを自己の内的規範すなわち教義とすることを拒否して、不敬漢、国賊、非国民とされた理由でもあった。そして戦後はこれが「空白」となった。

各人で自己の「内的規範を選択せよ」といわれても、そんな「自由」を経験したことのない者にはどうしてよいかわからない。誰かが「新教育勅語」を授《さず》けてくれるのを待つ以外にない。

そこへ、まさに戦後イデオロギーそのものともいうべき、「美・利・善」を完成さす「御利益」が来れば、一千万が折伏ではまだ少なすぎるというべきである。

「善」のセールスマン

セールスマン的カリスマ的リーダー

そしてその「折伏」は、「話し合い」でおこなわれるのだから、「話し合い」が絶対の戦後新聞民主主義には、これを否定する根拠はまったくないのである。誰も内村がいったようなことをいう者はいないし、いるわけもない。

さらに、また戦後は「善意」が絶対であり、「マンデヴィル的な背理」は無視されて個人の善意と社会の理想化のパラレリズムが当然とされ、「善意が通らないのは社会が悪い」からで、その「社会の壁」は取り除かれねばならないとされた。

「折伏」は人に「抜苦与楽」を与えようとする善意に発している「話し合い」なのだから、それはおこなわれて当然だし、その「算術的総計」が社会であると信じるパラレリズムはこれを外的規範ともするから、法律の壁も教義の壁も、無視されて当然なのである。「山崎上申書」はそれを示している。

池田大作氏や創価学会員を、何やらグロテスクな存在のようにいう人もいるが、決してそうではない。この「現在の御本仏」もその信徒も「善意のかたまり」であり、戦後的「善」のセールスマンであって「戦後新聞民主主義」という内的規範の「御本尊」なのである。

池田氏が「善意に基づく話し合い」が絶対であるとしていることは、「週刊朝日」を読めばわかる。すなわち「本当のありのままの人間と人間の触れ合いができあがっていけばそれでいいんです」に続く一連の発言、それに続く、取材者との次の問答はこのことを最もよく示しているであろう。

「――この前、四十九年でしたか、アメリカの創価学会を取材したことがあります。本部には二百畳敷ぐらいの大広間があり、その横に名誉会長の大きな写真が飾ってあって……。

池田　すみませんね。

――いや、すみませんじゃなくて、それは別にいいんですけど、もちろん名誉会長が仏さまだとは思いませんけれども、フッと見たとき、なんか自分の一番親しみやすい、尊敬できる人に、自分の心の中の気持ちを訴えれば、自分が安心できるといいますかね。そういう気持ちになるのかな、と思いまして。

池田　私よりもお上手な説明で、少し上品ですけどね。その辺にしてくれませんか」

まさに「善意に基づく話し合い」でこの記者も折伏されているわけである。また原島氏は次のように記している。

「毎年、若葉薫る五月の声を聞くと、何かしら粛然《しゅくぜん》たる思いに駆られるのは、私一人ではあるまい。昭和三十五年五月三日、池田先生が恩師戸田先生の遺志を受け継いで、第三代会長に就任されたあの歴史的な〝一瞬〟を、想起せずにはいられないからである。（中略）翌五月四日、池田先生が、大田区南六郷にあった私の家に、父をわざわざ送りに来てくださり、お会いすることができた。

先生は、その時、私に厳しい表情で『君は、私の弟子になるか。弟子というものは、師匠が地獄の相で死んでいったとしても、疑わずに、自分も共に地獄へ行くというのが弟子だ。その決意が君にあるか』と語られた。電撃のような問い掛けであった。瞬間、私は『ハイ！』と答えた。今でも、あの時の先生の真剣なまなざしが忘れられない。

あれから十七年、私は歳月を重ねるごとに、池田会長と苦楽を共にすることが、最高の満足であることを実感する日々である。だれが何といおうと……。」

これは、今は離反した原島元教学部長の言葉である。いずれの言葉も、それが真実であることは少しも疑う余地がない。ということは池田大作氏はまれに見るセールスマン的カリスマ的リーダーだということである。

「御利益セールス」の御利益

セールスマン的カリスマ的リーダーの基本はまず「自己の言葉が真実であるとまず本人が信じこむ」ことが原則である。

自己の言葉乃至《ないし》は自己自身に懐疑をもつ「通常の人間」はこの種のカリスマ的リーダーにはなれない。そして池田氏自身が自己の言葉を「教義」として信じて何の不思議があろう。氏の生涯そのものが、折伏を実施しつづけた者の「御利益」のかたまりであったことは、『人間革命』を読めばそのまま立証されている。

いわば「御利益セールス」で最大の御利益を得た人なのである。その人が同じようにそれを

それが戦後民主主義ではないか。話し合いと個人・社会のパラレリズムは、戦後の「新聞」の教義なのだから——。

そしてこの、「社会は個人の算術総計ではない」ことを知らぬ社会学的無知と念力主義が

「戦後社会症候群」ともいうべきものの基本であろう。

それは「創価学会」に象徴されているだけで、創価学会だけがそうであるということではない。そこには戦後社会のあらゆる問題が集約されているということなのである。

第三章　神様スターは宗教ジャーナリスト

対立と和解

「創価学会問題」の背後にあるもの

いわゆる「創価学会問題」（注：一九七七年ごろから報じられるようになった、以下の諸問題）の背後にあるものは、信徒以外の多くの人が、この宗教団体に何となく「うさんくささ」を感じつづけてきたという点にあるであろう。

この背景がなければ、山崎正友《やまざきまさとも》弁護士の「手記」（注：「週刊文春」や「諸君！」に掲載）は連鎖反応を起こさなかったと思う。

そしてこの「うさんくささ」の基本は決して池田大作《いけだだいさく》名誉会長の「スキャンダル」（注：女性問題等）や「三億円恐喝《きょうかつ》」（注：一九八一年、立場を利用して山崎弁護士が創価学会に三億円を要求）に起因しているのでなく、それらは単なる導火線にすぎないから、たとえ否定しても、合理的説明をそれに加えても、この「うさんくささ」は消えないであろう。

三つの問題点

なぜであろうか。理由は次の点にあると思う。

まず第一に、創価学会の活動が日蓮正宗《にちれんしょうしゅう》の平信徒《レイマン》による信徒運動《レイ・ムーブメント》なのか、日蓮正宗系類似宗教（俗にいう新興宗教）の活動なのか明らかでない点にある。

信徒運動はいずれの宗教にもあり、誰でも知っているものをあげれば、ＹＭＣＡ（ヤング・メンズ・クリスチャン・アソシエイション＝キリスト教青年会）がそれである。

これは一八四四年にロンドンで、二十二歳の一店員ジョージ・ウィリアムスが「聖書の学習・人格的ふれあい・共同の祈り」のため十二名の青年とともに設立した信徒運動である。

ＹＭＣＡは今では世界的な大組織でホテル・体育館・各種学校・出版部等々をもつが、しかしこれはあくまでも平信徒《レイマン》の団体で、その主事たちは自己紹介のとき必ず「私は平信徒《レイマン》の誰だれです」という伝統が今も続いている。

「平信徒《レイマン》」とは「聖職者」（僧侶・牧師・司祭等）でないこと。したがってその団体には教祖的存在はもちろんおらず、「本仏論《ほんぶつろん》」など出てくる余地はなく、「本山《ほんざん》」との対立などは、はじめからあり得ない。

創価学会の活動とは日蓮正宗の平信徒運動《レイ・ムーブメント》なのであろうか。池田名誉会長といえども平信徒《レイマン》であろうから、一応そう定義せざるを得ない。

だがそう定義すると、実に不思議な言葉や行動に出くわすのである。たとえばある週刊誌に池田氏が「学会をやめて檀徒《だんと》になっていく者を見るのはさびしい、一人一人に声をかけて呼びもどしたい気がする」といった意味の言葉がある。

平信徒運動《レイ・ムーブメント》と考えた場合、これはあり得ない言葉である。というのは、未信者がYMCAに来てやがて教会に行くようになったら、主事以下は大喜びのはず。そしてさらに奇妙なのは御供養金《ごくようきん》（学会では「財務」「特別財務」と呼ぶ）である。

これが献金なら、たとえ平信徒運動《レイ・ムーブメント》を通じて信徒になった者でも、教会なりお寺なりに直接に納めるべきもので、そう指導するのが普通の信徒団であろう。YMCAが献金や御供養金を集めるなどということはあり得ない。

さらに平信徒運動《レイ・ムーブメント》は、独自の教義はもたず、正典への独自の解釈権も主張しない。というのはもしそれを主張すれば、別宗・別派をつくることになり、否応《いやおう》なく新宗教・新宗派の創立になって、運動の基本から逸脱するからである。したがって教義上の問題で「本山との対立」が起こることはあり得ない。

創価学会を日蓮正宗の平信徒運動《レイ・ムーブメント》と定義した場合、このほかにもさまざまな問題点が指摘できるが、以上の三点だけでもすっきりすれば今回のような問題は起こらなかったであろう。

日蓮正宗系類似宗教？

以上の点は、今回の「週刊朝日」連載（注：一九八一年三月十三日号〜四月十七日号）の池田氏の発言を克明にたどってもはっきりしない。一言でいえば池田氏自身が、創価学会なるものが日蓮正宗の平信徒運動《レイ・ムーブメント》なのか否《いな》かを、明確に自己規定していないということであろう。では創価学会とは、日蓮正宗系類似宗教（新興宗教）なのであろうか。この類似宗教という言葉は戦前の定義だが、これは日本の新興宗教はだいたい「神道系」と「仏教系」に分かれるので、神道系類似宗教、仏教系類似宗教とし、類似はしていても「別宗教」としたことによる。

創価学会が日蓮正宗系類似・新興宗教なら、どれだけ類似していようと別宗教であるから、独自の教義をもち、正典に対して独自の解釈権を主張し、自らの信徒団を擁《よう》し、池田本仏論があって信徒はこれに帰命《きみょう》し、御供養金を納入して当然である。

そうなれば日蓮正宗との間に信徒の争奪戦があっても不思議でなく、本山との間に対立があって当然であろうし、また和解も寄付もあり得るであろう。

しかしそれはあくまでも、別々の二宗派の間の対立と和解のはずであり、和解しても創価学会の性格が変化するわけではない。

「神様スター」の存在

大宅壮一流分析

では一体、創価学会とは何なのか。日蓮正宗の信徒運動《レイ・ムーブメント》の会か、日蓮正宗系類似・新興宗教なのか。

性格的に見ると創価学会は前記の類似独立宗教の要素が強く、この点ではむしろ俗にいう「新興宗教」と定義できる。したがってその面を見ていくと、社会学者の小室直樹《こむろなおき》氏が、本山との対立のときなぜ『日蓮正宗創価学会』として独立しなかったのか不思議がったのも当然と思われる。(『中央公論』一九八一年二月号参照)

では、そう定義できる日本の『類似・新興宗教』とは、どのような基本的構造をもち、どのような状態に対応して発生してくるのであろうか。まずこの点から検討しなければならない。

大宅壮一《おおやそういち》氏は昭和十二年(一九三七年)に「宗教を罵《ののし》る」という題で、昭和初期の新興宗教の分析と批評をおこない、昭和三十二年に「〝電圧《ボルテージ》〟上がる創価学会」「創価学会――〝百万人の最短反応〟」というルポを記している。

この両者を通読すると、昭和の初期から現代までのさまざまな新興宗教の構造と生態が明らかになり、創価学会はその典型ともいえる面をもつからである。

全能感をもつ者

まず、類似・新興宗教は植民地にしか発生しないということである。創価学会のアメリカ進出はある程度は成功するであろうが、これが西欧や東欧、とくにポーランドまたイスラム圏には歯がたたないであろう。

これは日本でも同じで、農村共同体が寺と檀家《だんか》を包含《ほうがん》する形で厳存している限り、新興宗教は発生しにくい。ところが大規模な人口移動と経済恐慌《きょうこう》が起こると雨後《うご》の筍《たけのこ》のように出てくる。

大正十五年（一九二六年）にはわずか九十八団体（神道系六十五、仏教系二十九、その他四）であったものが、わずか五年後には四百十六団体になっている。

そして、これに類似した現象は戦後さらに大規模に起こっている。いわば農村共同体の崩壊と人口の都市集中が一種の植民地的状態を現出し、同時に終戦パニックと虚脱状態が起こったからである。

この背景の下に発生する類似・新興宗教に必ず存在するものが、大宅壮一のいう「神様スター」である。この神様スターは一種の全能感をもち、自分のいったこと、または念じたことはそのまま事実になると自ら信じ、信者にもそう信じさせる霊能《カリスマ》的能力がなければならない。

幼児はみな全能感をもっているから、神様スターは一種の幼児性固着といえ、その意味では必ずどこかに幼児的な面がある。

この特徴は璽光尊《じこうそん》（注：神のお告《つ》げで天皇を名乗る）や北村サヨ（踊る神様）によく表れている。大宅壮一も「大宅壮一などというのはおこがましい。これから〝小宅粗一〟と改めるがよい」などという託宣を北村サヨから受け、さすがの彼も「苦笑して引き下がるほかはなかった」と「長州の神々」に記している。全能感をもつ者に常識人は歯がたたなくて当然であろう。

〝百万人の最短反応〟

だがこの全能感をもつ神様スターを中心に周囲に〝最短反応〟を起こす人びとが集まればそれで新興宗教ができる、と大宅壮一は分析している。最短反応を彼は次のように説明しているので、そのまま引用しよう（注：「創価学会」より）。

「心理学の言葉に〝最短反応〟というのがある。鶏と犬の前に、かれらの好きそうなエサをおき、その間を金網か何かで遮断《しゃだん》すると、鶏はそのエサに向かって突進するが、金網にぶっつかってバタバタし、羽を失うだけでエサにありつけない。犬も金網にぶっつかるが、破れないということに気がつくと、遠まわりをしてエサに到達する。人間の日常生活にも、これに類する行為が少なくない。デパートで欲しいものが見つかったときに、いきなりこれを万引きして警察のやっかいになったりするのは、まさに〝最短反応〟である。おまじないや祈《き》禱《とう》で病気を治そうとするのも、これに似ている」

こう記《しる》した上で彼は、昭和三十二年ごろの創価学会のルポを記しているが、その最後の部分を次に引用しよう。

「会長（当時は戸《と》田城聖《だじょうせい》）の質問会は〝大客殿〟（注：日蓮正宗総本山大石寺《たいせきじ》にあったお堂。耐震問題などで解体され、一九九八年に現在の客殿を再建）で行なわれる。これは勅使《ちょくし》を迎えるためにつくられたといわれる。創価学会が将来日本の政権をとり、日蓮正宗が国教となった場合には、〝国立戒壇《こくりつかいだん》〟ができて、そこへ勅使を迎えることになっているという。

二百五十畳の大広間に二千人の会員が集まって待ち受けているところへ、戸田会長が幹部をしたがえて入ってくる。マイクを通じて幹部の説教があった後、会長がテーブルにつき、会員の質問に答える。

問　子供が精神分裂症なのですが、親が信心すればなおりますか。

答　なおる。きっとなおります。気ながにやんなさい。

問　昨年、子供が病気で、ご指導をうけて護秘符（注：日蓮正宗で昔から御本尊と同じように重視されている、大病や難産のときの加護のための秘伝のふだ）も頂《いただ》いたのに死んでいったのは、どういうわけですか。

答　その子はもう生まれてきているよ。このありがたいことを功徳《くどく》と思わずに、なぜ死んだのかと思えば、大謗法《だいほうぼう》で、罰は君が受けるんだよ。わたしが会長として立っているからには、わたしに反対するものはどうなるか。三年の後を見ろ。よくなるわけがない。なったら、わたしの会長がつとまるわけがない。

問　わたしの右の目がかすかにしか見えなくなったので、明日までに絶対に治して帰ると妻子に断言して出てきたのですが、治していただけますか。

答　あんたの考えはゴロツキである。ご本尊さまにご奉公したことがあるか、東大附属病院ですら治らぬ重病をご本尊で治せるだけの信心をしたか、一千人折伏《しゃくぶく》したか、支部をどこまで盛りあげたか、よく反省しなさい。

ざっとこういった調子である。会長の言葉は無《む》造作《ぞうさ》で、明らかに酔っているのだが、きいている方は大喜びで、彼の言葉の終わるごとに、どっと歓声があがるのだ。

以上が、わたしの目にうつった創価学会の姿である。これこそ、まさしく、〝百万人の最短反応〟と言えるのではなかろうか」

典型的な新興宗教の世界

だいぶ長く引用したが、以上の問答が外部の人間にはどれだけ詭弁《きべん》に見えて、「うさんくささ」を感じようと、神様スターとそれへの最短反応で構成される世界では、「どっと歓声があがる」のである。

これは典型的な新興宗教の世界であって、信徒運動《レイ・ムーブメント》の世界ではない。というのは、ＹＭＣＡ式に戸田会長が自己紹介すればそれは「平信徒《レイマン》の戸田です」となるはず、質問の相手も平信徒《レイマン》のはず、したがって相手の言葉を「謗法」とは断定できないはずである。

これは正典と伝統的教義への最終的な解釈権をもつ者、カトリックでいえば法王のみの権限であり、それを会長が行使するなら、創価学会は日蓮正宗とは別の日蓮正宗系類似・新興宗教であり、そうであれば「池田本仏論」はあって当然であるし、本山と訣別《けつべつ》しなかったことを小室氏が不思議がるのも当然である。（注：本書19ページで注記したように、現在は本山と訣別）

「宗教ジャーナリスト」と「宗教家」の間

なぜ一気にのびたのか

以上の点から創価学会を類似・新興宗教と規定するなら、スキャンダルも金銭上のトラブルも、新興宗教内の問題にすぎない。しかし「創価学会問題」の背景には、それだけでなく、もう一つの戦後的問題がある。

幼児から天皇への忠誠を叩きこまれた世代にとっては、それが一種の「中毒症状」（大宅壮一の定義）となり、戦後にこの対象である天皇が喪失すると、そのアキュート・アノミイに耐えられなくなって、何かへの絶対的忠誠（帰命）の下に自己の全エネルギーを発揮したいという欲求を起こし、その欲求はさまざまな方向へ突出する。

戦後の生活の苦しさや精神的虚脱状態、さらに農村共同体の崩壊による植民地的状態の現出は、数多くの新興宗教を生みだす温床《おんしょう》になったが、その中で創価学会が異常にのびたのは前記の心理に最もよく対応していたからだと、大宅は次のように記している。

「こういった国民の心理的要求に最大限にこたえたのが創価学会である。かつての軍隊と同じようなものを与えて、そのもとに死んでいくという心理的条件をもう一度つくり出したのだ。〝折伏〟というのは、一種の軍事動員であり、特攻精神の実践である。新しく生まれた部隊に、戸田会長が部隊旗を授けて、『この旗を守ってください』というと、部隊長は、『必ず死守します』と、力強く誓言するのである。それからつぎのような部隊歌の大合唱となり、全員の興奮は絶頂に達するのだ。『花が一夜に散るごとく／おれも散りたや旗風に／どうせ一度は死ぬる身の／名こそ惜《お》しめや男なら』……」

「旧イメージ」を払拭するために

大宅はこのほかにも似た情景を多く記し、これをヒトラー・ユーゲントと同一視しているが、これも十年前の言論事件後は影をひそめた。

だが、この〝折伏大行進〟の被害を受けた人は信徒数の数倍になり、その人たちは今でも創価学会といえばその体験を思い出す。これが信徒以外の者が「神様スターと最短反応集団」の世界に対して抱く前記の「うさんくささ」以上の一種の危険視を生む結果となった。

その人たちの描く創価学会像を簡単に図式化すれば「全能感をもつ池田神様スターに帰命して政治的最短反応を起こして政権奪取に狂奔《きょうほん》する特攻集団」ということになる。

そして創価学会は言論事件で、少なくとも外面的には大きく転換してイメージ転換を図《はか》ったが、「旧イメージ」を払拭《ふっしょく》して「新イメージ」を社会に定着させるには、否応なくジャーナリスト化せざるを得ない。いわば池田氏は内部的には神様スターで、外部的には宗教ジャーナリストとなり、内部を統制しつつ社会同化を図らざるを得なくなった。

金銭問題にからむ内紛

大宅は、昭和初期に新興宗教の教祖は社会的認知と教勢拡大を急ぐため、しばしば自らが「宗教ジャーナリスト」になり、その成功を「宗教家」としての成功と自ら誤認し、そのため内紛を起こすと記している（注：以下「類似宗教と既成宗教」より）。

というのは一般社会は宗教ジャーナリストに興味は示しても最短反応を起こすはずはなく、その背後に神様スターを察知すれば拒否反応を示し、その二重人格的な行き方に批判・攻撃を加えるからである。

これが宗教ジャーナリストとしての成功が逆に宗教家としての失敗を招来する理由である。

さらに彼は、ジャーナリスト化はインテリの代筆を必要とし「近ごろの類似宗教には……文化的に相当訓練されたインテリもかなり多く入っている……これは……一時生活の便宜上《べんぎじょう》、心ならずもそれに身を寄せているうちに、その文化的技術や知識を重宝《ちょうほう》がられ、いつのまにか幹部になってしまった」者などがあり、これらは最短反応を装《よそお》っているだけ、さらに宗教ジャーナリストとしては自分のほうが神様スターより上だと思っているから、金銭上の問題にからんでしばしば内紛を起こすと指摘している。

「うさんくささ」を生む二重人格

法律インテリが必要

この点、このたびの「創価学会問題」はまことに類型的だが、さらに公明党を所有しているため法律インテリが必要であった点に、特異性があるであろう。今回の連載の冒頭で池田氏が自ら語る山崎弁護士の登場はまことに象徴的である。

すなわち参院補欠選の違反（注：昭和三十二年四月の大阪地方区・参院補欠選のときに、選挙違反容疑で起訴された事件）で池田氏以下二十数人がつかまったが担当の弁護士が「私たちに冷たく」そこで「学会内部から、信心している弁護士を育てたい」が始まりだという。だが盗聴までしてくれる弁護士を一般社会に求めることが、そもそも無理なのである。

さらに神様スターに最短反応を起こしつつ、対外的には法律的に問題を処理して社会同化をはかれば、自己分裂に陥《おち》いらざるを得ない。

池田氏は山崎正友・原島嵩《はらしまたかし》（注：池田氏の側近だったが一九八〇年に除名）両氏を「天性の二重人格」と評しているが、そうならざるを得ないか、はじめからそうでなければ勤まらないかのいずれかであろう。

しかし「神様スター」プラス「宗教ジャーナリスト」も一種の二重人格で、一面は内、一面は外、すなわち社会同化に向かっている。これがまた「うさんくささ」を生み、「学会はネコをかぶっているが実質は変わらない」の批評を生み、今回の事件はその例証として「やっぱり……」になる。

引退はあり得ない

こういった問題を起こすこと自体が、創価学会が大宅が昭和のはじめに指摘した類似・新興宗教であっても、信徒運動《レイ・ムーブメント》の団体でないことを示している。

だがそうなると、なぜ本山と分かれなかったかが謎だが——それは公明党を所有していることへの政治的配慮だったのであろうか？

この見方が正しければ「池田引退」はあり得ない。もちろん肩書が名誉会長から名誉顧問に変わることはあり得るし、「本仏論」は否定されるであろうが、「神様スター」からの引退は類似・新興宗教ならあり得ないからである。

もっとも日蓮正宗の信徒運動《レイ・ムーブメント》に転換すれば別であろうが、今回の連載ではその点は明らかでない。

だがこれが明らかでないと、宗門との間に今回と類似の問題は常にくすぶりつづけるであろうし、宗教ジャーナリストに転じた以上は、ジャーナリズムの批判・攻撃も当分続くであろう。

第四章　日本人と宗教のかかわり

日本人の宗教性

「三教合一論」の伝統

日本人の宗教について考える場合、まず二つのことを念頭に置かねばならない。一つは日本の伝統的なシャーマニズム（注：シャーマン＝巫女《みこ》を中心とした原始宗教）と、そこへ入って来た有史宗教の特質である。

シャーマニズムはいずれの民族にもあるが、これは、その民族を越える普遍的宗教とはなり得ない。一方、有史宗教（仏教、キリスト教、イスラム教等）は、それが発生した民族の枠《わく》を越えて普遍的宗教となり得る。そして日本が受け入れた有史宗教は通常「仏教」であるといわれるが、この導入は伝統的シャーマニズムである「神道《しんとう》」の否定とはならなかった。

これは「天皇、仏教を信じ、神道を尊ぶ」という『日本書紀』の記述から戦後の「イタコの口寄せコンクール」（注：巫女《みこ》であるイタコがおこなう、現世と他界との交流を口寄せといい、青森県恐山《おそれざん》のケースが有名。毎年七月に大祭がおこなわれる）に至るまで変わらない伝統である。

このことがしばしば「日本人に宗教はない」とか「日本人は宗教的に潔癖でない」とかい

われる理由だが、この言葉は正しくない。というのはユダヤ教、キリスト教、イスラム教では「宗教混淆《こんこう》」を否定しこれを異端とするが、日本が受容した唐《とう》時代の仏教なるものが実は「三教合一論」（注：「三教」とは儒教《じゅきょう》、仏教、道教のこと）以後の仏教であり、唐はそれを正統として、それを認めないものを異端としていたからである。いわば、有史宗教の受容の内容が西欧とまったく違うという歴史に起因するわけである。

紙数が少ないので、「神儒仏合一論」の基となった「儒釈道合一論」が中国においてどのように形成されていったのかを詳述はできないが、これは日本の宗教を考える場合、無視できない前提であるので、次にその概要を略記することにしよう。

これは、後漢《ごかん》末の三世紀ごろから徐々に起こってきた考え方で、はじめは仏教の教理が中国の伝統的な孔子《こうし》・老子《ろうし》の理想と必ずしも矛盾《むじゅん》しないという形で始まったが、斉《せい》・梁《りょう》の時代（五～六世紀）には三者の論争を通じて逆に調和を求める形になり、隋《ずい》（六～七世紀）になると明確な三教合一論という宗教思想になる。

そして唐の時代（七～一〇世紀）には仏教が隆盛であったので、仏教中心の三教合一論となり、日本に大きな影響を与えた白楽天《はくらくてん》や柳宗元《りゅうそうげん》なども、これを基本とした思想家である。また唐の宣宗《せんそう》（八四六年即位）の時代には三教合一論が「国教」のような形になり、天子《てんし》の誕生日には宮中で「三教談論」と呼ばれる儀式がおこなわれるのが恒例となった。

日本が第一回の遣唐使《けんとうし》を派遣したのが六三〇年、国分寺（注：国家鎮護のため国ごとに置かれた官立の寺院）・国分尼寺《こくぶんにじ》の造営の発願《ほつがん》が七四一年、最澄《さいちょう》が比叡山《ひえいざん》に草庵を結んだのが七八五年、空海《くうかい》が高野山《こうやさん》に道場を開いたのは八一六年で、日本に仏教が定着していくのと、仏教中心の三教合一論が中国の中心的で絶対的な思想となっていく時期とがほぼ並行し、日本はその影響を強く受け、それを「正統的な思想」としていったのはむしろ当然といわねばならない。

したがって以後の日本はこの三教合一論の日本化すなわち「神儒仏合一論」を当然として明治まで来たわけである。この間、この伝統に異論を唱《とな》えたのはキリシタンと、こちこちの朱子学者《しゅしがくしゃ》だけといってもよい……異論はあろうが。しかしその朱子学者も、神儒妙合は当然と考えていた。それさえ否定したのはおそらくは、佐藤直方《さとうなおかた》（注：江戸中期の儒学者）だけであろう。

したがって、仏教の僧侶が神道の一派を起こしても不思議ではない。たとえば徳川家康《とくがわいえやす》の顧問の天海《てんかい》は山王一実《さんのういちじつ》神道を起こしている。また神社に僧がいても不思議ではない。これが供僧《ぐそう》であり『貞永式目《じょうえいしきもく》』に鶴岡八幡宮《つるがおかはちまんぐう》の供僧に関する規定があるから法的にも公認されている存在であった。さらに仏教の僧侶が儒学を講じて不思議ではなかった。否《いな》、それが当然だったのである。

たとえば林羅山《はやしらざん》といえば今では誰でもこれを儒者《じゅしゃ》だという。確かにその通りであろうが、家康の時代には儒官は存在しておらず、形式的には彼は僧侶であり、僧形《そうぎょう》（注：僧の姿）をして、法印（注：僧位の最上位）であった。これを改めるよう強硬に主張したのが水戸《みと》の光圀《みつくに》だが、僧形でない儒官が出現するのは羅山の孫の時代である。

このような例を挙げていけば際限がないが、それは、日本が「三教合一論」を伝統としたからで、これは何も「宗教的に潔癖でない」ということではない。

明治元年の「神仏判然令」

この考え方に幾分か変化が出てくるのは――といってもそれは一部の知識階級に限られるが――朱子学の影響を強く受けるようになった徳川中期以降からである。廃仏棄釈《はいぶつきしゃく》というと人は明治を連想するが、保科正之《ほしなまさゆき》（注：会津松平家初代）や水戸の光圀といった大名は自己の領内で部分的とはいえこれをおこなっている。

そして、神道と仏教とは別宗教であると明確に規定されるのは、明治元年（一八六八年）の「神仏判然令」からである。それは、それ以前の日本の宗教の実情を知る上でたいへんにおもしろいだけでなく、通常われわれが「昔から、判然と別宗教」のように考えている「神道と仏教」とが、実はそうではないことがわかって興味深い。次にその一部を引用しよう。

「神祇《じんぎ》事務局ヨリ諸社へ達《たっし》　元年三月十七日
今般王政復古旧弊御一洗被為在《なさるる》候ニ付、諸国大小ノ神社ニ於テ、僧形ニテ別当或ハ社僧抔《など》ト相唱へ候輩ハ、復飾《ふくしょく》（注：俗人に戻ること）被　仰出候、若《も》シ復飾ノ儀、無余儀差支有之分ハ可申出候、仍《よっ》テ此段《このだん》可相心得候事。……

布告　元年三月二十八日
一、中古以来、某権現《ごんげん》或ハ牛頭天王《ごずてんのう》之類、其外仏語《そのほかぶつご》（注：仏教用語）ヲ以神号ニ相称（注：自称する）候神社　不少《すくなからず》候。何《いず》レモ其神社之由緒委細ニ書付、早早可申出候事。……
一、仏像ヲ以神体ト致候神社ハ、以来相改可申候事。……

布告　元年四月十日
諸国大小之神社中、仏像ヲ以テ神体ト致シ、又ハ本地抔ト唱へ、仏像ヲ社前ニ掛、或ハ鰐口《わにぐち》、梵鐘・仏具等差置候分ハ、早々取除相改可申旨、過日被仰出候、然ル処《ところ》旧来社人僧侶不相善《あいよからず》、氷炭之如ク（注：水と油のように）候ニ付、今日ニ至リ、社人共俄《しゃじんどもにわか》ニ威権ヲ得、陽ニ御趣意ト称シ、実ハ私憤ヲ霽《はら》シ候様之所業出来《しゅったい》候テハ、御政道ノ妨ヲ生シ候而已《のみ》ナラス、紛擾《ふんじょう》ヲ引起可申ハ必然ニ候……
達《たっし》　元年閏《うるう》四月四日

今般諸国大小之神社ニオイテ、神仏混淆《こんこう》之儀ハ御廃止ニ相成候ニ付、別当《べっとう》（注：社寺の長官）社僧之輩ハ、還俗《げんぞく》之上《のうえ》神主社人等之称号ニ相転、神道ヲ以勤仕《きんし》可致候……」

簡単にいえば、神道・仏教が判然と別宗教のように考えられだすのはこのとき以来であり、それまでの日本は、有史宗教の受容以来「三教合一論」を正統としてきたわけである。

この長い伝統を、一編の政令で変更することは不可能であり、たとえこれを形式的に分けても、日本人の伝統的な宗教心にまで一変させることはできなくて当然である。したがって以後の日本人の宗教も、それまでの伝統とあまり違わない形で継続しているだけである。これはそうあって当然だろう。

「宗教法」が存在しなかった

以上が日本人の宗教を考える場合の第一の特徴とすれば、第二の特徴は、日本には「宗教法」というものが実質的に存在しなかったことである。したがって、ある宗教に付属しないと法律の保護を受けられないといった状態は生じたことはなかったし、またある宗教を信ずれば差別法に服さねばならぬということもなかった。

西欧の教会法はもちろん、「教会の外にあるもの」は法の保護の対象ではない。したがってユダヤ教徒はゲットーの中に押しこめられている。ただ、これはしばしば日本で誤解されているような「ナチの収容所」的なものでなく、「改宗」さえすればすぐに出られたのである。

またイスラム法には「ズィンミー法」(注:「ズィンミー」は非イスラム教徒の被保護民)があり、キリスト教徒・ユダヤ教徒はこの差別法に服し、重税を課されていた。この場合ももちろん、改宗すればそれらの差別は即座になくなった。

律令時代のことは明確にはわからないが、これが武家法すなわち、『関東御成敗式目(貞永式目)』となると、宗教法的規定が皆無《かいむ》なことが明らかになる。たった一つ、例外的なのは「六斎日《ろくさいにち》」(注:一月《ひとつき》のうちに、断続して六日ある〝身を慎《つつし》み、清浄であるべき日〟)に魚鼈《ぎょべつ》(注:魚とスッポン)を食わぬようにという条文が、律令以来の伝統として追加法に出てくるだけである。それ以外はこの法律は文字通りの世俗法であって、神官・僧侶に関する条文は今の言葉でいえば「宗教団体法」ともいうべきもので、宗教の内容にはまったくタッチしていない。

また、いずれかの宗派を国教のように扱ってこれを正統とし、他を異端として禁ずるといった条文もまったくない。そして神官・僧侶といえども、行為においてはまったく俗人と同じように規制された。

当時は新仏教と旧仏教があったが、幕府のこれに対する態度は基本的にはまったく同じだったといってよい。次に関係する条文をそれぞれ一つずつあげてみよう。まず新仏教に対しては、

「一　念仏者の事／道心堅固《けんご》の輩《やから》に於《おい》ては、異儀に及ばず。しかるに或《あるい》は魚鳥を喰《くら》ひ、女人《にょにん》を招き寄せ、或は党類を結び、ほしいままに酒宴を好むの由《よし》、遍《あまね》く聞えあり。件《くだん》の家に於ては、保々《ほうほう》（注：「保《ほう》」は行政の区画単位。現代の市内の区や町に相当）の奉行人（注：刑事犯の取り締まりや裁きをおこなった役人）に仰《おお》せて破却せしむべし。その身に至つては、鎌倉中を追却せらるべきなり」

であって、「道心堅固」ならば問題としない。いわば浄土宗《じょうどしゅう》そのものを禁止しているのではない。

また旧仏教に対しては、

「一　宣旨《せんじ》の事／近ごろ山僧・神人《じにん》等、事を面々の沙汰《さた》に寄せ（注：各自勝手な訴訟にかこつけて）、所々に於《おい》て〔不明。おそらく暴力に類する言葉〕を振るの風聞あり。その旨趣由緒《しいしゅゆいしょ》あらば（注：その訴訟に根拠や正当な理由があるなら）、上奏を経、理非に随《したが》ふべし。しかるに或は寄附の神領と称して甲乙の庄園を押妨《おうぼう》し、或は供用の物と号して遠近の屋舎《おくしゃ》を煩《わずら》はし（注：お供物《くもつ》だと言いがかりをつけて、各地からの米穀等を強奪し）、ほとんど恥辱《ちじょく》を施《ほどこ》す者あり

……世のため人のため、禁ぜざるべからず。自今《じこん》以後、停止《ちょうじ》せしむべし。もし鳳銜《ほうがん》（勅命《ちょくめい》）に背《そむ》き、なほ狼藉《ろうぜき》を致さば、たとひ神人宮仕《ぐうじ》たりといへども、いかでか皇憲朝章《こうけんちょうしょう》（朝廷の定めた法の罪科）を遁《のが》れんや……」

であって、宗教者の特権はまったく認めないという立場をとっている。

『貞永式目』が公布されたのは一二三二年、以後幕府はこの伝統を継承してきたから、日本においては宗教法はもちろん、僧侶の特権も認められなかった。

日本特有の宗教現象

これは今もなお宗教法が法であるイスラム圏の国々とはまったく違う。アラビア語のディーンは「宗教」とも「法」とも訳せるが、日本にはこういった言葉はなく、「法」は宗教と関係なき「世俗法」であることが少なくとも十三世紀のはじめから当然のこととされてきた。

これは、たとえば中東で最も近代化しているイスラエルでさえ民法に関する限りは宗教法であり、イタリアやフランスのように「教会法」でも国法である「民法」でも結婚できるといった状態とはまったく違うわけである。それが現実にどのような状態なのか、紙数がないので説明は省略するが、日本人には少々想像しにくい状態であることは否定できない。

キリスト教圏もイスラム教圏も、ともに、過去においては宗教法の世界であり、そこから徐々に脱して「脱宗教社会」になり「世俗法」の世界になったわけで、こういう伝統の基に成立している社会が、「宗教」に対して日本人とまったく違う対応をし、また非常に内容の異なった定義を下していても不思議ではない。

そしてその定義を宗教に対する唯一の定義とするならば、いいかえれば彼らの定義に合致するものだけを「宗教」とするならば、日本人は無宗教ともいえるであろうし、宗教的に潔癖でないといえるかもしれない。

だがしかし、『宗教現象学』（大畠清著）という立場から見、その現象の背後にある宗教性そのものを探究していけば、日本人は決して無宗教とはいえないし、宗教的に潔癖でないともいえないのである。

だがこの問題まで進むのはやめて、われわれが以上のような伝統的宗教をもっていることを再認識していただければよいと思う。

いずれの文化も、その文化を形成してきた長い伝統があり、宗教性がそれによって規定されているという点では日本は別に例外でない。ただその伝統が欧米やイスラムとは違うというだけである。

「自然な行き方」を尊ぶ

「自覚されざる親鸞の影響」

日本ではごく普通に「自然にものごとが進む」のがよく、「不自然な作為」をともなう行き方はよくないとされている。それがまたほとんど意識されないほど各人の身についており、社会を律する一般的で常識的な規範《きはん》になっている。

一体なぜこうなったのであろうか。さまざまな理由があるであろうが、親鸞《しんらん》の「自然法爾《じねんほうに》」という言葉も忘れることはできない。（以下傍点筆者）

「自然《じねん》といふは、自《じ》はおのづからといふ、行者《ぎょうじゃ》のはからひにあらず、しからしむといふことばなり。然《ねん》といふは、しからしむといふことば、行者のはからひにあらず、如来《にょらい》のちかひにてあるがゆへに。法爾《ほうに》といふは、この如来の御《おん》ちかひなるがゆへに、しからしむるを法爾といふ。法爾は、この御ちかひなりけるゆへに、すべて行者のはからひのなきをもて、この法の徳のゆへにしからしむといふなり。すべて、人のはじめてはからはざるなり。このゆへに他力《たりき》には、義なきを義とす、としるべしとなり。自然といふは、もとよりしからしむといふことばなり」（『末灯鈔《まっとうしょう》』）

言うまでもないが、ここで親鸞が述べているのは教義であって世俗の常識ではない。しかし、ある宗教が深く民衆にまで浸透して歴史が経過すると、その教義の一部に世俗的な解釈もしくは受けとり方を生じて、それが世俗の生き方の指針になった例は決して少なくない。そしてそれは、時には民族性といえるまでに一般化する。日本人の生き方が、外国人に比べれば、意志的な「はからひ」より、ごく「自然な行き方」を尊ぶことに、親鸞が無関係であるとはいえない。

こういう意識されない伝統が表面にあらわれてきて、はっきりと意識されるのが、異文化と接触したときである。どの民族でも異質なものに反発するが、同時に、相手の中に自己の伝統と似たものがあると、それに触発されて、不知《しらず》不識《しらず》のうちに自己の伝統を再評価し確認する。

これが矢《や》野暢《のとおる》教授のいわゆる「掘り起こし共鳴現象」であり、本人は自覚的には外国から摂取したつもりでも、実は、無自覚のうちに自己の伝統を掘り起こし、これが外来のものと共鳴している場合が少なくない。

真宗《しんしゅう》（注：浄土真宗）をはじめて研究した外国人はキリシタン宣教師だが、海老沢有道《えびさわありみち》氏の次の指摘は興味深い。

「カブラルやヴァリニャーノなどが、浄土門における絶対信仰と超倫理性を捉え、これをプロテスタンティズムと同様と見ていること（Cartas, I.f310; Valignano, Sumario, p.67）は注意さるべきである。そこに浄土教的救済観とキリスト教的救贖《きゅうしょく》（注：罪が赦《ゆる》されること）信仰との触発面が備えられていたわけである」と。

ただ、キリシタン時代は、この触発に新しい展開があったわけではない。イエズス会は言うまでもなくプロテスタントを最大の敵と見た戦闘的教団であり、一方仏教側もほとんどキリシタン研究はおこなっていなかった。しかし、プロテスタントに対抗してアジアへ進出した彼らが、その東端でプロテスタントによく似た宗派、しかも最大の宗教勢力に接触したのは皮肉である。

明治はこれと違って、日本に来た主流はプロテスタンティズムであり、その日本側の受容者で指導者である人びと、たとえば内村鑑三《うちむらかんぞう》などに強く見られるのが、真宗的ともいえる受けとり方である。

鑑三が感動し強調したのはパウロの、救済は「行いによらず、ただ信仰のみによる」という信仰義認の主張であり、またパウロが自分を「罪人《つみびと》の頭《かしら》」と規定したことであった。そして彼はこれこそ聖書の中心思想としたが、欧米の宣教師からは理解されず、彼らと断絶するに至った。

おそらくそこには、自らを「虚仮《こけ》不実の身」「こころは蛇蝎《じゃかち》（注：ヘビやサソリ。嫌われもののの象徴）のごとく」と自己規定した「愚禿《ぐとく》（注：愚かなハゲ頭。親鸞の謙称）親鸞」の投影と、彼の宗教思想の掘り起こし共鳴現象があったからであろう。これが欧米の宣教師に理解できなくて不思議ではなかった。

紙数の関係で以上の二例にとどめるが、社会の種々相を探っていくと、そこに「自覚されざる親鸞の影響」が見られることは否定できない。では一体、親鸞という不思議な宗教家は何を説いたのであろうか。

在家主義に徹する

彼は、西暦でいえば一一七三年の生まれ、一二六二年の没であるから実に九十歳の長寿であり、その間に彼の思想は徐々に形成されていったものと思われる。

出自《しゅつじ》は下級貴族日野有範《ひのありのり》の子とされるが明らかでない。九歳で出家し、二十年間を比叡山の僧として過ごしているが地位は低く、横川《よかわ》の常行堂《じょうぎょうどう》で不断念仏をおこなっていた一堂僧に過ぎなかった。そして叡山の俗化に、もはや出家の居るべき場所ではないと考え、叡山を捨てて法然《ほうねん》のもとで専修《せんじゅ》念仏の人となった。

彼はここで、師の法然が他見《たけん》（注：他人が見ること）を禁じた著書『選択集《せんじゃくしゅう》』の書写、師の像の図画（注：描くこと）を許されるまでになったが、しかし法然の弟子の中で、特に傑出《けっしゅつ》した俊才というわけでなく、平凡な専修念仏の僧であったらしい。

念仏宗といわれた法然とその門下を、南都《なんと》北嶺《ほくれい》の旧仏教勢力が敵視したことは不思議ではない。しかし念仏宗のほうに正法《しょうぼう》逸脱と指弾される素行《そこう》や他宗への軽視がなかったわけではない。

その結果、弾圧の手が伸び、元久《げんきゅう》元年（一二〇四年）、法然以下数人が罪科に処されることになった。いわば僧の身分を奪われ、法然は土佐《とさ》（実際は讃岐《さぬき》）に、親鸞は越後《えちご》に流されたが、この地で親鸞は三善《みよし》氏に仕えていた女性、後の恵信尼《えしんに》と結婚した。

結婚は出家主義を捨てて在家主義に徹することを示すわけで、さまざまの点で注目される。しかしこれは法然の下で、すでに定まっていた方針であった。

建暦《けんりゃく》元年（一二一一年）親鸞はその罪を赦《ゆる》されたが、翌年に師法然の死にあい、伝道の地を求めて東国に下った。そして建保《けんぽう》二年（一二一四年）常陸《ひたち》に住み、新たに伝道をはじめたはずだが、その後の十八年間の消息はほとんどわかっていない。おそらく各地を伝道しつつ念仏修行の日々を送っていたのであろう。

彼が主著『教行信証《きょうぎょうしんしょう》』を書きはじめたのが、元仁《げんにん》元年（一二二四年）といわれるが、これも異論が多く推量の域を出ていないといってよいであろう。

この『教行信証』は親鸞の思想を知る上できわめて重要な著作だが、仏典の引用が大部分を占めているので、一般人にはきわめて読みづらく、また理解しにくい著作である。

仏典の引用が大部分というと、現代人は独創性がないと考えがちだが、これは誤りである。宗教家の著作に、典拠とする正典の引用が多いのは当然のことで、これは西欧でも日本でも変わりはない。

たとえばルターやカルヴァンはきわめて独創的な思想家で、現代の西欧の基本を形成したといえるが、その著作もまた聖書の引用が多く、カルヴァンでは主著は聖書の註解《ちゅうかい》である。いわば引用や註解において、その独創性が発揮されるのであって、これは一見独創的な著作と別に変わりはない。否、一見独創的な方が、時代風潮以外の何ものでもない場合が少なくない。

必要なのは「信心」だけ

話は横道にそれたが、寛喜《かんき》三年（一二三一年）ごろ、彼は京都に戻っている。京都では特に伝道をした形跡は見られず、おそらく著作に専念していたのであろうが、このころ彼は長子の善鸞《ぜんらん》の問題（注：「父からの秘伝を特別に教授してやるぞ」などと勝手に言って、多くの人をだました）で苦しみ、彼を義絶《ぎぜつ》（注：縁を切る）している。

しかしこういう問題ははぶき、一般人にとって最も読みやすく、また現代では広く一般的に読まれている『歎異抄《たんにしょう》』に進みたいと思う。

『歎異抄』は親鸞の思想のエッセンスのようにいわれるが彼の著作でなく、弟子の唯円《ゆいえん》の著作である。唯円は十九歳のとき、六十八歳の親鸞の弟子となったといわれるが、おそらく老親鸞の身のまわりの世話をしつつ、その思想と人格に日々接していたのであろう。

唯円は「面授《めんじゅ》の弟子」で「真宗の奥義《おうぎ》に達せり」とされるのは、以上のような関係にあったためと思われる。そこで『歎異抄』は唯円の著作といっても、親鸞の「面授の記録」と見てよいと思う。

唯円はその後関東に下るが、細かいことは省略して、本文《テキスト》を読んでみよう。

「弥陀《みだ》の誓願不思議にたすけられまいらせて、往生《おうじょう》をばとぐるなりと信じて、念仏まうさんとおもひたつこゝろのをこるとき、すなはち摂取不捨《せっしゅふしゃ》の利益《りやく》にあづけしめたまふなり。弥陀の本願には、老少善悪《ろうしょうぜんまく》のひとをえらばれず、たゞ信心を要《よう》とすとしるべし。そのゆへは、罪《ざい》悪深重《あくじんじゅう》、煩悩熾盛《ぼんのうしじょう》の衆生《しゅじょう》をたすけんがための願《がん》にてまします。しかれば本願を信ぜんには、他の善も要にあらず、念仏にまさるべき善なきゆへに。悪をもおそるべからず、弥陀の本願をさまたぐるほどの悪なきがゆへにと」云々《うんぬん》

簡単にいえば、念仏したいという心が起こるとき、その人はすでに救われているということになり、その前には老少・善悪など一切無関係ということになる。必要なのは「信心」だけであるとはっきり自覚せよ、ということである。

では信心とは自分のほうから、いわば自らの意志をもって一心に信ずるということなのか。それなら、それは自らの意志であって自力ということになるが、親鸞はそうではないという。次は『歎異抄』の「結び」ともいうべき部分で、いわば重要な部分なので、少々長いが全文を引用しよう。

「右条々は、みなもて信心のことなるより、をこりさふらふか。故聖人《しょうにん》（親鸞）の御《おん》ものがたりに、法然聖人の御《おん》とき、御《おん》弟子そのかずおほかりけるなかに、おなじく御信心《わんしんじん》のひとも、すくなくおはしけるにこそ、親鸞、御同朋《どうぼう》の御なかにして、御相論《ごそうろん》のことさふらひけり。そのゆへは、善信《ぜんしん》（親鸞）が信心も聖人（法然）の御信心もひとつなりとおほせのさふらひければ、誓観房《せいかんぼう》・念仏房《ねんぶつぼう》なんどまうす御同朋達《たち》もてのほかにあらそひたまひて、いかでか聖人

の御信心に、善信房の信心ひとつにはあるべきぞとさふらひければ、聖人の御智慧才覚《おんちえさいがく》ひろくおはしますに、一《ひとつ》ならんとまうさばこそひがごとならめ、往生の信心にをいては、またくことなることなし、たゞひとつなりと御返答ありけれども、なをいかでかその義《ぎ》あらんといふ疑難《ぎなん》ありければ、詮《せん》ずるところ聖人（法然）の御まへにて、自他の是非さだむべきにて、この子細《しさい》をまうしあげければ、法然聖人のおほせには、源空（法然）が信心も如来《にょらい》よりたまはりたる信心なり、善信房の信心も如来よりたまはらせたまひたる信心なり、さればたゞひとつなり。別の信心にておはしまさんひとは、源空（法然）がまいらんずる浄土《じょうど》へは、よもまひらせたまひさふらはじとおほせさふらひしかば、当時の一向専修《せんじゅ》のひと〴〵のなかにも、親鸞の御信心にひとつならぬ御ことも、さふらふらんとおぼえさふらふ」

説明の必要はないと思うが、親鸞が、「私の信心も法然聖人の信心と一つのもので、変わらないものだ」といったところ、高弟たちが、「とんでもない、知恵才覚の広い法然聖人の信仰がおまえなんぞの信仰と同じとはなにごとだ」といった。

親鸞が、知恵才覚はもちろん別だが、信心は同じだといっても彼らは納得せず、法然聖人の前でどちらが正しいか、聖人自身に決めていただくより方法がないということになった。

法然はこれに対して自分の信心も親鸞の信心も共に阿弥陀如来《あみだにょらい》から賜《たまわ》ったものだから同じ

だと答えた、というのが主意であろう。

プロテスタンティズムとの共通点

こうなると「信心」もまた弥陀によって与えられたもので、自分の意志で獲得したものではない。いわば主体的に自らの意志で信じようとして信じた、というわけではないことになる。

では信心が「如来よりたまはらせたまひたる信心」なら、前述の「たゞ信心を要とすとしるべし」も、与えられなければどうにもならないことになる。

ここで連想されるのがカルヴァンの予定説であり、彼はその人が救済に予定されているか否《いな》かは、神の意志であって、人がこれを如何《いかん》ともできないと説いた。

一方、親鸞は、信心を賜るのは一方的に弥陀からであるとしている。これはともに絶対信仰であり、カブラルやヴァリニャーノがプロテスタントと同様と見たのはこの点であろう。

パウロは信仰を与えられるのは神の一方的な恩寵《おんちょう》であるとしたが、こうなると祈りは祈願でなく感謝になる。この点でも親鸞は同じで、念仏を唱えるから浄土に行けるのでなく、秋《あき》山光和氏《やまてるかず》（注：美術史学者）のいわれるように「念仏は、信心をいただいた念仏者のよろこびの声」であろう。

いわば幼児が父母の名を呼ぶように、仏の名を呼ばないではいられないのが、「南無阿弥陀仏」という念仏になる。言いかえれば念仏は「自然《じねん》の声」なのであり、それを唱えれば救われるから、といったような「はからひ」の声ではないわけである。

では人に何ができるのであろう。それは「信心をください。くださった信心を取りあげないでください」と願うこと、これ以外にない。これが「他力本願《たりきほんがん》」であろう。

そして信心を与えるのが弥陀の一方的な行為で、人間の「はからひ」と無関係なら、そこには善をおこなえば与えられる、悪をおこなえば与えられない、といった基準を人間の側で立てることもできないはずである。

もしそれができるなら、人間はひたすら善にはげむ「自力」でよいはず、信心はもとより意味がなくなる。この「信仰のみ」は当然に有名な「悪人正機説《あくにんしょうきせつ》」になる。

「善人なをもて往生《おうじょう》をとぐ、いはんや悪人をや。しかるを、世のひとつねにいはく、悪人なを往生す、いかにいはんや善人をやと。この条《じょう》、一旦《いったん》そのいはれあるににたれども、本願他力の意趣にそむけり。そのゆへは、自力作善《じりきさぜん》のひとは、ひとへに他力をたのむこゝろかけたるあひだ、弥陀の本願にあらず。しかれども、自力のこゝろをひるがへして、他力をたのみたてまつれば、真実報土の往生をとぐるなり。煩悩具足《ぼんのうぐそく》のわれらは、いづれの行《ぎょう》にても生死《しょうじ》をはなるゝことあるべからざるをあはれみたまひて、願《がん》をこしたまふ本意、悪人成仏《じょうぶつ》のためなれば、他力をたのみたてまつる悪人、もとも往生の正因《しょういん》なり。よて善人だにこそ往生すれ、まして悪人はと、おほせさふらひき」

『歎異抄』は一般には公開されなかったから、この一文をキリシタンが読んだとは思われない。しかし前述のように彼らがそこにプロテスタンティズム同様の「絶対信仰と超倫理性」を見たなら、「悪人正機説」こそその要約と見たであろう。

では親鸞の言葉は「悪徳のすすめ」なのであろうか。もちろんそうではない。自力を否定した彼に「善のすすめ」も「悪のすすめ」もあるはずがない。このことについて唯円は親鸞のおもしろい言葉を紹介している。この部分は長いので要約を記《しる》そう。

あるとき親鸞が唯円に、自分の言葉を信ずるかというので唯円が信じますと答えると、ではこれから言うことに従うかという。唯円が従いますというと、「では千人殺せ、そうすればおまえは必ず往生する」という。唯円が「おほせにてはさふらへども、一人もこの身の器量にては、ころしつべしともおぼへずさふらふ」と答えると、親鸞は次のようにいった。

「さてはいかに親鸞がいふことをたがふまじきとはいふぞと。これにてしるべし、なにごともこゝろにまかせたることならば、往生のために千人ころせといはんに、すなはちころすべし。しかれども一人にてもかなひぬべき業縁《ごうえん》なきによりて害せざるなり。わがこゝろのよくてころさぬにはあらず。また害せじとおもふとも百人千人をころすこともあるべしと、おほせのさふらひしは……」

唯円は、善悪は自己の判断、おこなえるのは自分の意志と、不知不識の間に思っている自分に気づき、「願の不思議にてたすけたまふといふことをしらざること」を思い知らされる。いわば「自力作善《じりきさぜん》」は人間の意志でおこなえるわけではない。

これはパウロの「わが欲する善をなさず」で自分の欲しない悪をなすこの身を誰が救済してくれるか、という言葉を連想させる。ここに自らを「心は虚仮《こけ》」で「邪悪なること蛇蝎《じゃかち》」と規定した親鸞と「罪人の頭《かしら》」としたパウロに一種の共通性があるであろう。

そしてもし人が善をおこなうなら、信心を与えられた結果、ごく「自然」にそうなるのであって、善をおこなうという自力の「はからひ」によって救済を獲得するのではない。

これがいわば超倫理性で、この言葉はもちろん無倫理性の意味ではない。

親鸞が示す「寛容」の教え

以上のように記すと、キリシタンが見たように、親鸞の思想とプロテスタンティズムとはよく似ているように見えるが、これはあくまでも「似てる点」を並べればの話であって、もちろん両者が同じということではない。

基本的な違いをあげていけば、これまた決定的といえるほど違っているが、民族性や社会性にあらわれていると思われる点を一つだけ指摘して本稿を終わることにしよう。

共に一種の「予定説」といえると前に述べた。救済が神の一方的行為で、信仰もまた与えられるものであって本人の自発性（自力）が否定されるなら、救済されるものとされないものは、予《あらかじ》め定められているのであって、人間はこれを「自力」では如何《いかん》ともしがたいことになる。

ここにカルヴァンのように、救済されるものとされないものを峻別《しゅんべつ》する、峻厳きわまりない思想が生まれる。いわばプロテスタンティズムの「非寛容」である。しかし親鸞はそうではない。

「つぎに、みづからのはからひをさしはさみて、善悪《ぜんまく》のふたつにつきて、往生のたすけさはり二様《ふたよう》におもふは、誓願の不思議をばたのまずして、わがこゝろに往生の業をはげみてまうすところの念仏をも自行になすなり」

いわば、「善悪のふたつにつきて」念仏すれば悪をなさずに往生できるのなら、してみよう、といった「はからひ」で「念仏をも自行になすなり」のものもいる。

これら感謝報恩の念仏ではないから、はじめから意味をもたないはずである。カルヴァン的な予定説なら、もちろん無意味である。しかし親鸞は決してそういっていない。

「このひとは名号《みょうごう》の不思議をもまた信ぜざるなり。信ぜざれども辺地《へんじ》・懈慢《けまん》・疑城《ぎじょう》・胎宮《たいぐ》にも往生して、果遂《かすい》の願《がん》のゆへにつゐに報土《ほうど》に生ずるは、名号不思議のちからなり。これすなはち誓願不思議のゆへなれば、たゞひとつなるべし」

「辺地懈慢」とか「疑城胎宮」とかは少々わかりにくい言葉だが、怠惰《たいだ》な者の行く浄土の辺境、懐疑者の行く胎中のような暗い浄土のことで、そこに往生するという。

ではそれは一種の地獄、すなわち救済されないものの行くところかといえばそうではない。次の言葉を読むと、親鸞は「辺地往生」を一種の煉獄《れんごく》（浄罪界）としているように思われる。

「辺地の往生をとぐるひと、つゐには地獄におつべしといふこと、この条、いづれの証文にみえさふらふぞや。学生《がくしょう》たつるひとのなかにいひいださるゝことにてさふらふなるこそ、あさましくさふらへ。経論正教《きょうろんしょうぎょう》をば、いかやうにみなされてさふらふやらん。信心かけたる行者は、本願をうたがふによりて、辺地に生じてうたがひのつみをつぐのひてのち、報土のさとりをひらくとこそうけたまはりさふらへ。信心の行者すくなきゆへに、化土《けど》におほくすゝめいれられさふらふを、つゐにむなしくなるべしとさふらふなるこそ、如来に虚妄《こもう》をまうしつけまいらせられさふらふなれ」

そんなことをいったら、釈迦《しゃか》のいったことが虚妄になってしまうと親鸞はいう。

この点で彼の教えは、予定説とは基本的に違う「寛容」の教えといってよいであろう。

聖職者に何を期待するか

イエスもパウロも教師

聖職者と俗人《レイマン》という区別のある社会もあれば、ない社会もある。ユダヤ教徒、イスラム教徒には聖職者はない。

キリスト教徒の場合はカトリックにはあるが、プロテスタントでは、ややその性格が不鮮明だが、ないと見たほうがよい。この点については後述するが、日本の僧侶に、私はややプロテスタント的な不鮮明さを感じている。

ユダヤ教から聖職者がいなくなった理由ははっきりしている。彼らの社会の聖職者は元来はエルサレムの神殿に奉仕する祭司《コーヘン》で、それはレヴィ一族（注：ヤコブの子レヴィを祖とするイスラエルの部族）に限られ、後にはその中の祭司ザドクの子孫に限られるようになった。すなわちサドカイびと（注：裕福で権力のある地位にあった）である。

しかしこの祭司階級もすべて聖職者と見なされていたわけでなく、聖職者は、その中で神殿で祭祀《さいし》をおこなうものに限られていた。

一世紀の史家で『ユダヤ戦記』や『ユダヤ古代誌』を記したフラウィウス・ヨセフスは祭司階級の出身だが、祭司として勤めたことはないから、同時代からも祭司とは見なされていない。そしてこの祭司は、紀元六六年にはじまった第一次ユダヤ戦争とともに、厳密にいえばエルサレムが陥落して神殿が焼失したときに、完全に消えてしまって、復興されたことはなかった。

ただコーヘンという姓は今も残っている。理由の一つは、民衆への直接的な宗教的影響力をもたなかったからであろう。

その点で僧侶的役割を担《にな》ったのが教師《ラビ》である。その発生を預言者エゼキエルやエズラに求めるなら祭司階級から発生したといえる。

だが両者はいずれも祭司として活躍したわけではない。エゼキエルはバビロン捕囚の時代、捕囚の地であるバビロニアのケバル川の畔のテルアビブで、自宅を開放して宗教活動をおこなった。

これが発展し、神殿外の学校における宗教教育が伝統化し、そこから全民衆の教化、さらに捕囚帰還後の再建された第二神殿内の粛清へと進んだのがエズラのとき、これがおこなわれたのが紀元前四四四年とされる。もちろん異説もあるが、このとき会堂《シナゴグ》が発生したと見るのが普通である。

彼らは教師であって聖職者ではない。ラビとは元来アラム語の普通名詞で「教師」の意味、したがって特別の身分でなく、結婚も兼業も辞職も自由であった。そして前一世紀から後一世紀のラビたちは、むしろ、兼業で生活を維持しつつ無料で教えることを誇りとしている。そしてイスラム教の導師《イマーム》はむしろこの系統であって、彼らも聖職者とはいえない。もちろん時代とともに教師《ラビ》も導師《イマーム》も一種の聖職意識をもつようになり、民衆も聖職者のように見るようになる。

しかしユダヤ教の場合、その会堂《シナゴグ》は集会所《シュナゴーゲー》であって神社や寺院のような宗教的施設ではない。ラビの位置はあくまでも「集会所で正典の『モーセ五書』を読みかつ講義する教師」である。

こうなると一世紀のユダヤ教から派生したキリスト教になぜ聖職者がいるのか、むしろ謎というべきであろう。

イエスもパウロも聖職者でなく教師である。弟子たちはイエスに「主よ」と呼びかけている。この言葉は後代にさまざまな意味を付加されるが、アラム語のガリラヤ方言の「主よ《マル》」は、教師への尊称であることを、聖書学者ヴェルメシュは論証している。

さらにパウロとなると、同時代のパリサイ派の教師《ラビ》とその行き方は少しも変わらない。ということは新約聖書の主役には聖職者は登場せず、当時の神殿の聖職者のサドカイびとはイエスの批判と攻撃の対象である。

キリスト教聖職者の「祖型」

一体キリスト教の聖職者はどこから発生してきたのか。おそらくユダヤ教のエッセネ派からであろう。

これは過去においてしばしば論じられた主題で、「キリスト教エッセネ派起源説」まであった。理由は新約聖書にエッセネ派が登場せず、したがって批判・攻撃の対象となっておらず、また最初期のキリスト教徒がエッサイオイ（エッセネの人びと）と呼ばれたという記録に基づくが、死海写本の発見と同時に、エッセネ派と最初期のキリスト教徒の関係は相当に明らかになってきた。

死海写本の発見で、エッセネ派というユダヤ教の一派が、世俗社会とまったく分離して死海沿岸の荒野の、現在ではキルベト・クムランと呼ばれる地に僧院を建て、ここで独特の宗教共同体を形成していたことは、よく知られるようになった。

彼らの生活規範は『宗規要覧《セレク・ハ・ヤハド》』（注：共同体の規律のこと）や『会衆規定《ヤレク・ハ・エッダー》』（注：共同体の構成員についての規定など）などで明らかである。またエルサレムの神殿の権威否定は、最近、ヤディンによって公刊された『神殿写本』にあらわれ、またその他の文書や詩を通じて、彼らの信仰内容も明らかになってきた。

もちろん二十世紀になってはじめて明らかになったことが、キリスト教の発生に関係したわけはない。彼らが初代キリスト教にさまざまな影響を与えたであろうことは、さまざまな面で論証できるが、最も明らかなのは、エウセビオスの『教会史』である。

エウセビオスが『教会史』を記したのはコンスタンティヌス帝のキリスト教公認の時（三二五年）かその少し後であるから、彼自身がエッセネ派を知っていたわけではない。ただ彼は『教会史』の中で、一世紀のユダヤ人哲学者フィローンの記述を引用しているので、これが『教会史』を通じて広く知られるようになったことが明らかになる。

彼は二ヵ所ほど引用しているが、俗に「エッセネの十八か条」といわれるもの（注：フィローン『ヒュポテティカ』一一より）を次に引用しよう。（　）は説明、〔　〕は欠字への挿入（注：ここでの［　］は著者の挿入）。
1　この立法者（神の律法を人に授与する役目の者）は多くの弟子を交わり〔の生活〕のために訓練した。彼らはエッサイオイとよばれるが、――私が思うに――彼らの潔癖さの故にこの名にふさわしいと思われたからであろう。彼らはユダヤの多くの町々、村々に住み、大きな、数の多い共同体をつくっている。

2　彼らの召命は生まれつきのものではない――なぜなら出生はふつうわれわれが自分で選ぶものの中に数えないから（ここは難解で「氏素姓は自由意志による集団のしるしではない」の訳もある）――そうではなくて徳に対する熱心な追求と、人間に対する愛の探求にもとづく。

3　子供や、ひげを生やしはじめたばかりのエッセネというのはいない。こういう連中の性格は不安定で、未熟さの故に動揺しているから。〔エッセネは〕成人した人びとであり、すでに老年に近づき、もはや肉体の潮流や激情に流されることのない、純粋な、真の、唯一の自由を楽しんでいる人たちである。

4　彼らの生活〔の仕方〕はその自由を立証している。誰一人、私有財産を何らもとうとしない。家であれ、奴隷であれ、土地、家畜であれ、その他富を約束する材料となる一切のものをもたない。彼らはすべてのものをもちよって共同の財産に入れ、すべての利益を共同で楽しむ。

5　彼らは同じ場所にともに住み、兄弟の団体をつくって共同の食事をする。すべてのことは常に共同の福祉のためにおこなわれる。

6　彼らは一人一人別な職業（あるいは「仕事」）をもっているが、うむことなく働き、暑さ、寒さその他一切の気候の変化を口実に怠《なま》けるようなことはない。太陽が上る前には日常の仕事につき、日が沈むとようやくしぶしぶ帰途につく。それは彼らが〔仕事を〕喜ぶことは競技の練習をする者におとらないからである。

7・8・9 （職業の種類の記述なので略す。農夫・牧夫・養蜂家、さらに職人があげられている）

10 それぞれのグループは、このようにいろいろの仕事をして賃金を得ると、定められた会計係に手渡す。係の者はそれを受けて直《じか》に必要なものを買い、食糧を十分に供給し、また人間の生活に必要なもの一切を備える。

11 このように、毎日共同の生活と共同の食卓を分かちあって、彼らは同一の条件に満足している。彼らは質素の幸福を愛し、ぜいたくを霊魂と身体の病気としてしりぞける。

12 彼らは食卓のみならず、衣類をも共有する。……

13 （老後の生活保障と老人の世話について）

14 さらに彼らは結婚を、共同生活をさまたげる唯一最大の力をもつものと見きわめているので、これをさける。もう一つの理由は彼らが非常に節制を重んずるためでもある。エッセネは妻をもたない。妻というものは利己的で、度外れに嫉妬《しっと》深く、夫の徳性を滅ぼすのに長《た》けており、たえざる欺瞞《ぎまん》によって夫を迷わせるからである。

15 彼女の発するお世辞と、舞台の俳優のような擬態《ぎたい》によってまず目と耳を迷わし、まんまとわなにかかって陥落すると、次には最も大切な心をたぶらかす。

16 子供が生まれようものなら、厚かましく図々しくなり、以前には仮面をかぶって、偽善的にほのめかすだけであったようなことを、ずけずけと大胆にいってのけるようになる。恥《は》ずかしさをかなぐりすてて、夫に共同の交《まじ》わりの生活に反することを強要する。
17　妻の媚薬《びやく》にしばられたり、自然の要求から子供への心づかいにしばられたりするものは、もはや他人に対して以前と同じ人間ではなく、知らず知らず違った人間になり、自由人でなく奴隷になる。
18　以上がエッセネの生活である……。

以上がエウセビオスの引用によるフィローンのエッセネに関する記述だが、しばしば問題になるのが14以下の女性観で、エッセネのものなのか、フィローンの個人的見解なのかという問題である。だが詳しいことは、ひとまず措《お》き、クムランの発掘物と対応してみると、大体においてこのフィローンの説明は正しいといえる。

一世紀のユダヤ人史家ヨセフスにはさらに詳しい記述があるがこれは省略し、ただヨセフスが、エッセネに二派があって、一方は結婚し、一方は結婚を否定していると記していることをつけ加えておこう。

当時の社会は彼らを聖職者と見なさなかったが、彼ら自身は自らを、俗界を断《た》って聖別された者と考え、俗界の神殿さえ否定し、おそらくその教団の中央部はキルベト・クムランで厳格な規律に基づく僧院生活をしていたのであろう。

これはユダヤ教ではきわめて特異な現象であるが、古くからナジルびとという独身の誓願者がいたことは事実である。

日本の僧侶との類比

以上、キリスト教における聖職者の「祖型」と思われるものを示したわけである。その一つは教師《ラビ》として世俗の生活をしつつひたすら民衆への布教と教化をなすもの、もう一つは民衆という俗界からわが身を遮断し、結婚も拒否し、ひたすら自己の聖化を目ざすもの、この二つの「祖型」に分かれる。

そして、時代の変化や社会の様相に応じて、この二つの面の一方が強く出てくる。たとえばフランシスコ会は、聖フランシス自身が、俗界を去ってひたすら修道するという形で成立し、その意味では文字通りの修道会である。一方イエズス会は、はじめから教育伝道法人のような性格をもつ、修道会である。

西欧の初等教育のカリキュラムはイエズス会がつくったといわれる。一方プロテスタントの牧師は、職業であり、教会で説教をする教師といえる。その性格はむしろ教師《ラビ》に近いであろう。

いずれにせよ興味深い点は、以上のエッセネ派の規定と、カトリックの修道会と共通する点が多いことである。まず結婚の否定。これはイエスには皆無《かいむ》で、パウロには多少あるといえばあるといえる程度。ローマ教皇の祖とされるペテロは結婚している。同時代に明確に全員独身を主張した宗教団体はエッセネ派だけであろう。

第二に、彼らは、エッセネ派という身分で、さまざまな職業に就《つ》いていることである。これは司祭は身分であって職業ではないのと共通している。さらに、原則として個人財産をもたないこと。

これは使徒行伝にも初代キリスト教団のあり方として出てくるが、働いて得た収入はすべて共同の金庫に入れられてしまう。現在の修道会も同じで、大学講師などで外部で得た俸給は個人の収入とならず、すべて修道会の金庫に収められる。また共同食事儀礼もどの修道会でもおこなわれている。

以上のような西欧の聖職者と日本の仏教の僧侶を比較してみるとおもしろい。仏教が日本に伝来したころの延暦寺《えんりゃくじ》や南都《なんと》（注：平城京《へいじょうきょう》）の大寺《だいじ》（注：東大寺《とうだいじ》や法隆寺《ほうりゅうじ》など）の任務は鎮護国家の祈願であり、一種、国家の高等公務員の特別職であるという点では、イスラエルの神殿祭司に似ている。

もっとも病気平癒《へいゆ》の祈願や朝敵の調伏《ちょうぶく》（注：仏の力で悪人・悪魔などを滅すこと）もおこな

っており、こういう点では預言者《ナービー》に似ている。預言者《ナービー》というと旧約聖書に登場する糾弾《きゅうだん》の預言者が想像されやすいが、宮廷づきの職業預言者は必ずしも彼らと同じではない。そこでアモスのような預言者は、はっきりと自分は預言者ではないといっている。

これがバビロン捕囚以降になると神殿祭司は権威と影響力を失うが、このことは鎌倉時代を連想させる。一方、民衆教化と伝道の教師《ラビ》は、新しいタイプの法然や親鸞を連想させる。その任務は鎮護国家でなく、個人の教化と救済であろう。

もっとも明恵《みょうえ》のような、生涯不犯《ふぼん》（注：異性と交わらない）で自らの聖化を目指すようなエッセネ的なタイプもあらわれる。もっともこのタイプが完全に教化に無関心であったとはいえず、むしろ自らの修行が間接的には教化になるという生き方であろう。これはフランシスコ会にもある。さらに一向宗の道場となると、これは会堂《シナゴグ》を連想させる。

まったく違った宗教にも、共に似た面があることは否定できない。と同時に一般民衆は、その対象を聖職者か俗人《レイマン》の宗教教師か、その施設を、学校（道場）か寺院（宗教的礼拝の施設）かといった厳密な区別はしなくなる。と同時にプロテスタントの教会のように、いずれにも解釈できるようなものもある。

こうなると、民衆はその対象をすべて宗教的施設と見、それを主宰する者は聖職者と見る。プロテスタントではその性格が不鮮明だといったのは以上のような意味である。

この点でやはり不鮮明なのが日本の僧侶であろう。僧侶はプロテスタントの牧師のように純然たる職業とは見られていない。ではカトリックの司祭のような聖職者と見られているのかといえば、そのように見られる場合もあるし、見られない場合もあって、この点もあまりはっきりしていない。

さまざま理由があろうが、韓国の僧侶などと違って妻帯し、普通人と同じような生活を送っている、と見られているからであろう。

では牧師と似ているかというとそうでもない。牧師はごく普通の職業人であり、したがってその職業がどのようなものか欧米の社会人はみな知っている。もちろん、その職業を立派にやっている牧師もいれば、そうでない牧師もいるが、それは、その職業の内容が一般人にはっきりわからないということではない。

この点、カトリックの司祭は一つの身分であるから、これはこれで、その司祭がどのような職にあるのかわからなくてもかまわない。たとえば上智大学の学長だった柳瀬《やなせ》睦男《むつお》神父のように著名な原子物理学者もいて、ミサを執行すると同時に学生に物理学の講義をしている場合があっても、別に問題はない。

しかし職業人であるプロテスタントの牧師にはこれは許されず、その際は牧師を辞任すべきであろう。

こう考えると日本の僧侶の性格は、私にはよくわからない。これが、聖職者で純然たる身分で、そのまま何らかの専門家であってよいのか、それとも僧侶は職業人で、他の職業に就くなら僧侶という職業を辞《や》めるべきなのか、この点が少々はっきりしないように思われる。と同時に職業人なら、その職業の内容がはっきりしていて、社会的な位置づけが明確でないと、社会はそれをどう評価すべきかわからなくなる。

「葬式仏教」という言葉があるが、これは社会に、僧侶とは葬式を執行してくれる職業といった通念が定着していることを示すであろう。だがもしそれが本当に職業の内容なら、僧侶は葬儀屋になってしまう。

「社会の良心」の担い手

「聖職者とは何か」それは、一言でいえば「社会の良心を担う者」であろう。エッセネ派は確かに自分たちをそう位置づけている。もっともこの「社会の良心」は時代によって大きく変わるが、朝敵を調伏するというのも、その時代の社会の良心のあらわれであろう。

イスラムの導師《イマーム》も司祭も牧師も教師《ラビ》も、さまざまな時代に、さまざまの担い方で、「社会の良心」を担ってきた。そしてそれが期待される限り、期待に応じていないと見られる場合、強い聖職者批判が出てきた。これらの批判は、「社会の良心」を担う者と期待されていることと裏腹の関係にある。

それが極端になると「聖職者蔑視《べっし》」になる。聖職者のいる社会で、これがない社会はないといってよい。フランソワ・ラブレー（注：既成の権威を諷刺したフランスの人文主義者）やロッテルダムのエラスムス（注：カトリック教会を批判した人文主義者）の、痛罵《つうば》ないしは嘲弄《ちょうろう》ともいうべき批判を読むと、私は逆に、当時の社会の僧侶への期待の度が高いのに驚く。いわば、腹が出ていても、胴間声《どうまごえ》（注：調子はずれの太く濁《にご》った声）を張りあげても、娘の肩に手をやっても、すべて嘲笑の対象になっている。

これは教師《ラビ》に対してもある。教師《ラビ》は一面ではユダヤ教の宗教法の専門家だから、何かをたずねると、ちょうど弁護士に対するように金を払う。

ある男が来て「ラビよ」という。ラビが「子よ何をききたいのか」というとすぐ一グルデン渡す。そしてまた「ラビよ」「子よ……」で一グルデンとなり、これが何回かくりかえされる。とうとうラビが「おまえは本当に何を知りたいのか」というと相手は「いや、ラビというものが、理由なくどれだけ金を受け取れるものか知りたかっただけさ」といった話がある。そしてこれに似た話はどの社会にもあるであろう。

日本ではどうであろうか。「中外日報」に「坊主」という言葉が「このカンカン坊主、クソ坊主」のような、一種の差別的侮蔑《ぶべつ》用語になっている旨《むね》の指摘がある。確かにその種の言語は少なくないが、「社会の良心」の担い手と期待するが故に出てきたか、もしくは今も期待しているが故にそれらの言葉が残っているとは少々考えにくい。

こういう用語を調べていったら、逆に、社会が僧侶に何を期待しているか、少なくとも期待していたかが明確になるかもしれない。

もう一度いうが、聖職者ないしは聖職者と見なされる者は「社会の良心」の担い手である――少なくとも西欧やイスラムの世界では。そこで彼らはローマ教皇であれ、バルト（注：スイスの神学者）であれ、ニーバー（注：アメリカの自由主義神学者）であれ、何らかの形で「社会の良心」の担い手としての任務を果たそうとしている。

問題となっている解放の神学の主唱者でも、その点は同じであろう。おそらくこれが、荒野への隠遁《いんとん》という形にもなれば、民衆の中へという形にもなる。そして聖フランシスコのように、隠遁が逆に社会に大きな影響を与える場合もある。

日本を例にとれば『明恵上人《しょうにん》伝記』（注：平泉洸《ひらいずみあきら》著　講談社学術文庫）に記された明恵像は、そこにはっきりと「聖」を感じさせ、聖フランシスコを連想さす。「坊主くさい」と紀州苅藻《かるも》島《じま》に隠遁しても、否むしろそれによって、社会に大きな影響を与える。

北条泰時《ほうじょうやすとき》（注：鎌倉幕府第三代執権）が平伏し、教えを請うたのは、そこに、混沌たる社会を秩序づける基本となってくれる「社会の良心」とその担い手を見たからであろう。聖職者とは、常にそのようなもので、それが俗人《レイマン》の聖職者への期待であろう。

●初出一覧

はじめに　日本人に宗教は必要なのか
「文藝春秋」一九八七年一月号所収「日本人に宗教は必要なのか」文藝春秋

第一章　池田大作氏への公開質問状
「諸君！」一九八一年六月号所収「池田大作氏への公開質問状」文藝春秋

第二章　創価学会症候群の本質をつく
「諸君！」一九八一年七月号所収「戦後民主主義の「善」の行商人・池田大作」文藝春秋

第三章　神様スターは宗教ジャーナリスト
「週刊朝日」一九八一年四月一七日号所収「『神様スター』と『文化人』のはざまで悩む池田大作」朝日新聞社

第四章　日本人と宗教のかかわり
「経営と教育」一九八二年一二月一五日発行１５９号所収「日本人と宗教」中央鉄道学園
「歴史街道　特別増刊号　親鸞・道元・日蓮」一九九〇年一〇月一日発行所収「『自然《じねん》』の思想にみる他力の人間学」ＰＨＰ研究所
「仏教」一九八八年一月二五日発行２号所収「聖職者に何を期待するか」法藏館

本書は右記の初出一覧を再構成し、句読点を加える、注（注：＊＊）をつける等の新編集をしています。また本書には、今日の人権擁護の見地に照らして、不当、不適切と思われる表現がありますが、本書の性質や作品発表時の時代背景に鑑み一部を改めるにとどめました。（編集部）

著者略歴

一九二一年、東京都に生まれる。一九四二年、青山学院高等商業学部を卒業。野砲少尉としてマニラで戦い、捕虜となる。戦後、山本書店を創設し、聖書学関係の出版に携わる。一九七〇年、イザヤ・ベンダサン名で出版した『日本人とユダヤ人』が三〇〇万部のベストセラーに。以後、「日本人論」で社会に大きな影響を与えてきた。その日本文化と社会を分析する独自の論考は「山本学」と称される。評論家。山本書店店主。一九九一年、逝去。

著書には『私の中の日本軍』『「空気」の研究』(以上、文藝春秋)、『日本はなぜ敗れるのか』(角川書店)、『帝王学』(日本経済新聞社)、『なぜ日本は変われないのか』『日本人には何が欠けているのか』『日本教は日本を救えるか』『「知恵」の発見』『日本はなぜ外交で負けるのか』『戦争責任と靖国問題』『精神と世間と虚偽』『戦争責任は何処に誰にあるか』(以上、さくら舎)などがある。

池田《いけだ》大作《だいさく》と日本人《にほんじん》の宗教心《しゅうきょうしん》

二〇一七年五月一五日　第一刷発行

著者　山本七平《やまもとしちへい》

発行者　古屋信吾

発行所　株式会社さくら舎　http://www.sakurasha.com

東京都千代田区富士見一-二-一一　〒一〇二-〇〇七一

電話　営業　〇三-五二一一-六五三三　FAX　〇三-五二一一-六四八一

編集　〇三-五二一一-六四八〇

振替　〇〇一九〇-八-四〇二〇六〇

装丁　石間　淳

カバー写真　読売新聞／アフロ

編集協力　山田尚道・渡部陽司・柴田瞭（以上「山本七平先生を囲む会」）

印刷・製本　中央精版印刷株式会社

ISBN978-4-86581-101-8